생각의 틀을
바꿔라 🏃

# 생각의 틀을 바꿔라

도야마 시게히코
전경아 옮김

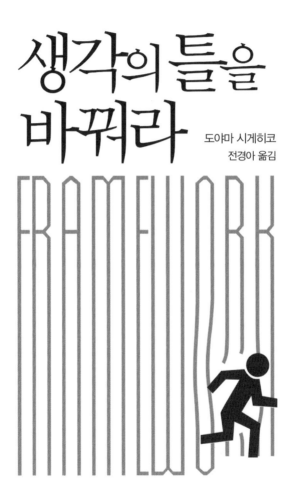

책/이/있/는/풍/경

# 생각의 틀을 바꿔라

초판 1쇄 인쇄 | 2015년 11월 15일
초판 1쇄 발행 | 2015년 11월 22일

지은이 | 도야마 시게히코
옮긴이 | 전경아
펴낸이 | 이희철
기획편집 | 조일동
마케팅 | 임종호
펴낸곳 | 책이있는풍경
등록 | 제313-2004-00243호(2004년 10월 19일)
주소 | 서울시 마포구 월드컵로31길 62 1층
전화 | 02-394-7830(대)
팩스 | 02-394-7832
이메일 | chekpoong@naver.com
홈페이지 | www.chaekpung.com
ISBN 978-89-93616-88-0 03320

· 값은 뒤표지에 표기되어 있습니다.
· 잘못된 책은 바꾸어 드립니다.

이 도서의 국립중앙도서관 출판시도서목록(CIP)은 서지정보유통지원시스템 홈페이지(http://
seoji.nl.go.kr)와 국가자료공동목록시스템(http://www.nl.go.kr/kolisnet)에서 이용하실 수 있
습니다.(CIP제어번호: CIP2015026851)

죽기 살기로 해서 고작 컴퓨
터처럼 되기를 꿈꾸는가.
인간은 컴퓨터를 당해낼 수
없다. 앞으로는 컴퓨터가 하지
못하는 일을 얼마나 잘할 수
있느냐에 따라 차이가 날 것
이다.

어떻게 변화할 것인가.
그것을 통찰하는 것은 인간이
아니면 할 수 없다. 그래서 창
조적인 생각이 절실하고, 생각
의 틀에서 벗어나 생각하는 힘
이 절실해진다.

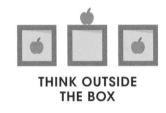

**THINK OUTSIDE
THE BOX**

# 생각하는 것만큼
# 즐거운 일은 없다

평소에 '생각한다'는 말을 아무렇게 쓰는 이들이 많다. 생각이 잘 정리되지 않는다며 초조해하거나 비관하는 사람도 흔하다. 자신은 생각하는 힘이 있다고 믿는 이들도 많다.

그러다 보니 생각한다는 것은 무엇인가, 생각한다는 것은 머리를 쓰는 것과 어떻게 다른가, 생각하는 것은 아는 것과 관계가 있는가, 어떤 순서로 생각해야 하는가를 궁리하는 사람은 의외로 적다.

옛날에는 생각하는 것을 가르쳐주는 학교가 전무하다시피 했다. 그래도 정신을 차려보면 우리는 저마다 어느 순간부터 생각하고, 그것을 자기만의 방식으로 정리하고 있었다.

어디에서 배우지도 않았고 특별히 스스로 궁리하지도 않았지만, 자연스럽게 자기만의 스타일이 만들어졌다. 그 사람의 발상은 그 사람의 스타일에 따라 달라진다. 안타까운 점은 그 스타일을 스스로 분명하게 깨닫기가 어렵다는 점이다.

스스로 어떻게 생각하고 있는지를 의식하려면 다른 사람의 스타일을 접하는 것이 효과적이다. 이 책이 그런 의미에서 독자에게 도움이 되기를 간절히 바란다.

생각을 정리하거나 고정관념에서 벗어나는 방법을 가르쳐주기는 쉽지 않다. 따라서 이 책도 기술이나 방법을 알려주려는 의도는 없다. 시중에서 흔히 볼 수 있는, 방법론을 다룬 책을 쓰지 않으려고 노력했다.

생각하는 것이 귀찮다고 말하는 사람이 많은데, 보는 관점에 따라서는 생각하는 것만큼 호사스러운 즐거움이 어디 있을까 싶다.

이 책이 무엇인가를 고민하고 궁리하는 이들에게 도움이 된다면 더 바랄 것이 없겠다. 독자에게 조금이라도 좋은 자극이 된다면 그보다 행복한 일은 없으리라.

THINK
OUTSIDE
THE BOX
PART 1

# 언제까지 창고형에
# 머물 것인가

# '글라이더'가 되는 것은
# 자랑이 아니다

공부하고 싶어지면 누구나 학교부터 떠올린다. 하지만 그들
은 어린아이거나 대학생이 아니다. 나이가 들 만큼 든 어른이다.
아이가 품 안을 벗어나 여유가 생긴 주부는 이제 다시 공부하고
싶어져서, 대학의 청강생이 되어보라는 상담을 받고 모교를 방
문한다. 행동으로 옮기지는 않더라도 그렇게 하고 싶어 하는 사
람이 많다.

가정주부만 그런 것은 아니다. 새로운 일을 할 때 학교가 가
장 좋다. 연령, 성별에 관계없이 그렇다. 배우려면 먼저 가르쳐

주는 사람이 있어야 한다. 지금까지 모두 그렇게 믿어왔다. 그리고 학교는 가르쳐주는 사람과 책을 준비하고 기다린다. 학교에 가는 것이 공부하는 정통적인 방법이다.

분명 학교교육을 받은 사람들은 사회에서 원하는 지식을 어느 정도 터득하고 있다. 지식을 필요로 하는 직업이 늘면서 학교 공부가 중시되는 것은 당연하다.

요즘 사회는 학교를 마치 종교처럼 믿고 있다. 고등학생들 대부분이 대학교로 진학한다. 사람들도 '대학교 정도는 나와야지'라고 말한다.

학교에서 학생은 선생님과 교과서가 이끌어주는 대로 공부한다. 자신의 힘만으로는 지식을 얻지 못한다. 이는 프로펠러나 엔진 등 동력 장치 없이 하늘을 나는 글라이더와 같다. 결코 자신의 힘만으로는 날아오를 수 없다.

글라이더와 비행기는 멀리에서 보면 비슷하다. 하늘을 나는 것도 마찬가지다. 글라이더가 소리도 없이 우아하게 활공하는 모습은 비행기보다 오히려 아름다울 정도다. 하지만 슬프게도 글라이더는 혼자서는 날 수 없다.

학교는 글라이더형 인간을 키우는 훈련소다. 비행기형 인간은 만들지 않는다. 글라이더로 나는 연습을 하는 데 엔진이 달린 비행기가 섞이면 학교로서는 여간 성가신 일이 아니다. 학교 안에서는 그들이 끌어주는 대로, 어디든 따라가는 순종적인 사람이 칭찬받는다. 멋대로 날아오르는 것은 규율 위반이며, 당장 요주의 인물로 찍힌다. 이윽고 저마다 글라이더로 인정받아 졸업장을 받는다.

우등생은 글라이더로서 우수할 뿐이다. 그들은 혼자 날려고 하지 않았기에 누가 날아보라고 시키면 난감해한다. 글라이더는 지도하는 존재가 있어야만 글라이더의 구실을 한다.

글라이더로서 일류라고 인정받은, 즉 누구보다 암기를 잘하고 이해력이 높다고 칭찬받은 학생들은 대학 졸업을 앞두고 논문을 준비한다. 이것은 지금까지의 공부와는 다르다. 논문은 자신이 좋아하는 분야를 논리정연하게 써야 한다. 뛰어난 글라이더로 인정받던 학생은 어떻게 해야 좋을지 모른다. 갑자기 지금까지와 다른 것을 요구해봤자 할 수 있을 리가 없다. 글라이더로서 우수한 학생일수록 당황해 어쩔 줄 모른다.

그런 학생이 교수실에 상담하러 갔다고 해보자. 하지만 스스로의 힘으로 고민하고 궁리해보지도 않은 채 무작정 간들 아무 소용이 없다. 더구나 교수가 하나하나 일러주고 체크해 세세한 부분까지 도움을 받아 쓴 논문은 결코 자기 것이 아니다. 교수가 딱 잘라 거절한다면 글라이더 학생은 그 교수가 제대로 지도해주지 않는다며 투덜거리고 교수를 험담하고 다닐지 모른다.

그리고 상냥하게 가르쳐주는 교수에게 달려가, 이러이러한 것을 읽고, 저러저러한 것을 보라는 주문을 받아 간신히 논문을 작성한다. 대학교 졸업 논문들 중 상당수는 그렇게 완성되었다고 해도 과언이 아니다.

성적이 좋은 학생일수록 논문 작성에 애를 먹는다. 배운 대로 하는 것은 잘하지만 스스로 궁리해서 주제를 정하는 것에는 서툴다. 오랜 세월 글라이더 훈련을 받는 동안에는 늘 자신을 이끌어주는 존재가 있었다. 그러다 보니 스스로 비행하는 능력을 잃고 말았다.

예외는 있겠지만, 학교교육을 받은 기간이 길면 길수록 제 힘으로 비상하는 능력은 떨어진다. 글라이더로도 잘 날 수 있는데 위험한 비행기가 되고 싶지 않은 것은 당연하다.

아이는 창조적이다. 아이는 대부분 노력하지 않아도 시인이자 발명가다. 그런데 학교에 다니면서 자신만의 표현을 잃고 남을 그럴듯하게 따라한다. 이를 보면 존경받는 예술가들이 학교교육을 경계한 것은 편협한 의견만은 아니었다. 비행기를 만들려고 한다면 글라이더 학교에 엉덩이를 붙이고 있어서는 안 되기에.

지금도 일본 프로 바둑기사들 중에는 학교 공부에 매달리는 것은 바둑 실력을 키우는 데 방해가 된다고 말하는 사람이 있다. 두뇌 발달이 가장 빠르고 왕성한 시기에 학교에서 글라이더 훈련만 받는다는 것은 얼토당토않다고 말하는 듯하다.

인간에게는 글라이더 능력과 비행기 능력이 있다. 수동적으로 지식을 얻는 것이 전자라면, 스스로 발명하고 발견하는 것이 후자다. 누구에게나 이 둘이 다 존재한다. 분명 글라이더 능력을 잃어버리면 기본적인 지식조차 습득하지 못한다. 또한 아무것도 모른 채 혼자 힘으로 날려고 하면 어떤 일이 생길지 알 수 없다.

그런데 현실에서는 글라이더 능력이 압도적이고, 비행기 능력은 전혀 없는 인간이 잔뜩 있다. 게다가 그런 사람도 우수하고 비상하다는 평가를 받고 있다.

학교는 글라이더형 인간을 키우기에 적합한 환경을 만드는 데 집중할 뿐 비행기형 인간을 육성하려는 노력은 미흡하다. 아니, 학교교육의 중요성이 커질수록 글라이더형 인간을 늘리는 결과를 낳았다. 주변에 있는 글라이더형 인간과 닮아갈수록 글라이더의 결점을 잊어버린다. 지적이라는 말을 들으면 자신이 날고 있다고 착각한다.

우리는 꽃만 보고 그 식물의 가지와 잎은 보지 않는다. 가지와 잎은 봐도 줄기에는 시선을 주지 않는다. 하물며 뿌리는 바라보려고 하지도 않는다. 꽃이라는 결과에 시선을 빼앗겨 그 꽃을 피우는 근본에는 다다르지 않는다. 아니, 못한다.

식물은 지상에 보이는 부분과 땅 속에 숨은 뿌리가 거의 같은 모양으로 대칭을 이루고 있다고 한다. 꽃이 피는 것도 남들이 보지 않는 곳에 꽃과 같은 조직이 있기 때문이다.

지식도 인간이라는 나무가 피운 꽃이다. 아름답다고 해서 꽃만 잘라서 꽃병에 꽂아봤자 꽃은 금세 시들고 만다. 이것만 봐도 꽃이 자신의 소유가 되지 않는다는 사실을 알 수 있다.

지식인들은 서구에서 피운 꽃을 바지런히 국내에 들여왔다. 개중에는 뿌리를 옮겨 오려고 한 시도도 없지는 않았지만 대부분은 꽃이 핀 가지를 잘라 가져온 것에 불과하다. 그러면 이쪽에서 같은 꽃을 피우기는 어렵다. 모방만 있을 뿐 창조가 없다는 말을 들어도 변명할 말이 없다.

뿌리를 챙겨야 했다. 그것을 게을리 하면 꽃을 피우는 것은 불가능하다. 지금까지는 잘린 꽃을 갖고 오는 편이 편리했을지도 모른다. 그러면 글라이더형 인간이 되기에 충분했다. 시키는 대로 따라 하기만 하면 남들에게 칭찬받고 지식인이라는 말을 들을 수 있기 때문이다. 쓸 데도 없는 자발적인 능력은 거추장스럽기만 했다.

글라이더 능력은 지도자가 있고 목표가 분명하다는 점에서는 높이 평가받지만 창조적인 능력에는 비행기 능력이 절실하다. 그런데 학교에서는 그것을 억압해왔다. 그러다가 갑자기 그 능력을 키우려고 하다 보니 여러 가지 어려움이 뒤따른다.

현대는 정보사회다. 많은 지식과 정보가 필요한 사회이기에 글라이더형 인간을 거부해서는 안 된다. 그러면 글라이더에 엔진을 탑재하려면 어떻게 해야 할까? 학교도 사회도 그 방법을 고민해야 한다.

이 책이 글라이더면서도 비행기와 같은 인간이 되려면 어떻게 해야 할지, 어떤 방법으로 엔진을 달 수 있는지 깨닫는 데 보탬이 되기를 바란다.

예전에는 글라이더 능력만으로도 칭찬받았지만 지금은 그렇지 않다. 인간보다 우수한 글라이더 능력을 갖춘 컴퓨터가 등장했기 때문이다. 제 힘으로 비상하지 못하면 컴퓨터에 모든 것을 빼앗길 수 있다.

# 문제는 지식이 아니라
## 제대로 배우는 것

달리 보면 학교가 글라이더 훈련소처럼 되어버린 것은 어쩔
수 없는 일인지도 모른다. 초등학교에 들어간 아이는 아직 공부
가 뭔지 잘 모른다. 알고 싶어 하지만 어떻게 해야 지식을 얻을
수 있을지 짐작도 하지 못한다.

그래서 선생님이 하라는 대로 공부한다. 끌어주는 사람이 있
으므로 움직이기 시작한다. 자발적으로 움직이는 것이 아니다.
수동적으로 움직이는 것이다.

공부는 결코 수동적이어서는 안 된다는 것을 잘 알고 있지만

학교와 교육제도가 아이들 각자의 자발적인 학습 의욕을 기다려주지 않는다. 취학 연령이 정해진 아이들 모두가 학습을 할 준비가 되어 있을 리 만무하고, 그들 모두를 이끌어가려면 '일제히'가 아니면 불편하다. 끌려가는 쪽은 왜 끌려가는지 잘 모른 채 끌려간다.

이렇게 몸에 배기 시작한 습관은 학교를 다니는 동안 내내 따라다닌다. 그리고 한번 몸에 배인 습관은 더욱 강해질 뿐 약화되지는 않는다. 그 결과, 사회에 나와서도 공부는 가르치는 사람과 배워야 할 책이 있어야 한다고 굳게 믿는다.

학교에서 우등상을 받은 학생이 반드시 사회에서 성공한다고 할 수 없다. 이 또한 글라이더 능력이 우수하다고 해서 스스로 하늘을 날 수 있는 것은 아니라는 증거가 된다. 학교는 선생님이 시키는 대로 고분고분 말을 잘 듣는 글라이더 학생에게 호의를 갖는다. 자기 멋대로 공부하거나, 끌어주어도 꿈쩍도 하지 않는 학생은 결함이 있다고 단정한다.

교육은 학교에서 시작된 것이 아니다. 학교라는 기관이 없던 시대에도 교육은 행해졌다. 하지만 지금과 달리 조직화된 학교가 아니었다. 옛 사람들은 학교교육만으로는 안 된다는 것을 깨달은 듯하다. 교육을 받으려는 측의 마음가짐도 지금과는 달랐다. 어떻게 해서든 배우겠다는 적극성이 없으면 교육 자체가 성립하지 않았다. 의욕이 없는 아이까지 가르칠 정도로 세상이 조직화된 교육에 관심을 갖지 않았다.

공부에 의욕적인 학습자가 들어오더라도 서둘러 가르치려고 하지도 않았다. 오히려 가르치기를 거부했다. 무술을 배우려는 젊은이에게 매일 장작을 패게 하거나 물을 긷게 했다. 왜 배우고 싶은 것을 가르쳐주지 않을까, 당연히 불만을 품는다. 그런데 이것이 학습 의욕을 높이는 역할을 한다. 조상들은 이를 잘 알고 있었다.

애를 태우고 나서야 겨우 가르쳐주었다. 당장은 모든 것을 가르쳐주지도, 핵심이 되는 내용을 좀체 가르쳐주지도 않았다. 가르치는 사람으로서 게을러 보이지만 이는 배우는 사람을 위해서였다. 그리고 그를 이끌어주는 스승 역시 경험으로 이를 깨우쳤다.

머리로만 배우는 것이 아니다. 몸으로도 배운다. 말만으로는 좀체 배울 수 없다. 그 길의 경지에 이른 스승이라도 그가 막상 제자에게 자신만의 비법을 말로 가르치려 하면 그 심오함이 사라진다.

비밀스러운 것은 감춰야 제 맛이다. 아무리 애제자에게라도 감추려고 한다. 제자 쪽에서는 배우기보다 어떻게든 스승이 가진 것을 훔치려고 궁리한다. 이 점이 옛날 교육이 노리는 바다. 배우려는 자에게 아낌없이 가르쳐주는 방식이 현명한 것은 아니다. 그렇게 스승의 지혜와 남다른 무예는 극히 제한된 몇몇 사람에게만 전수된다.

스승이 가르쳐주려 하지 않는 것을 훔치려고 마음먹은 제자는 자신도 모르게 스스로 새로운 지식, 정보를 습득하는 힘을 갖게 된다. 글라이더형 인간을 졸업하고 비행기형 인간이 되어 스승의 기예를 전부 전수받는다. 전통 예능이 때로는 고리타분한 인습에 매달리는 듯하면서도 동시에 개성을 드러내는 것은 이런 전승 방식 때문이라고 할 수 있다.

옛날 사람들은 이렇게 수동적으로 흐르기 쉬운 학습을 적극적으로 만드는 데 성공했다. 글라이더를 비행기로 바꾼 것이다.

그에 비하면 지금의 학교는 가르치는 쪽이 너무 적극적이고, 너무 친절하다. 무엇이든 기필코 가르쳐주려고 한다. 그것을 아는 학습자는 가만히 앉아 입만 벌리고 있기만 하면 된다. 필요한 것을 입에 넣어주니 의존심만 커진다. 학교가 열심히 하면 할수록, 또 지식을 주는 것에 유능하면 할수록 학습자는 수동적으로 변한다. 우수하지만 진정한 교육에 실패하는 아이러니한 상황이다.

그러다가 뒤늦게나마 주입식 교육에 대한 반성이 일어난다. 글라이더 훈련의 폐해가 드러난다. 이 말은 주입식 교육 자체가 나쁘다는 의미가 아니다. 학생들의 의욕을 꺾는 문화가 나쁘다는 뜻이다. 공부하고 싶은 마음이 강하다면 얼마든지 지식을 환영하고, 아무리 주입식 교육이라도 얼마든지 받기를 원할 것이다. 반대로 거부반응을 보이는 이들은 이렇게 강요할수록 견디지 못하고 반발한다.

옛날에는 제대로 글자도 읽지 못하는 어린아이에게 사서오경과 같은 난이도가 높은 고전을 읽게 했다. 아니, 읽는다는 것은 정확한 표현이 아니다. 소리를 내어 낭송하게 했다. 훈장은 의미를 알고 있지만 배우는 아이는 종잡을 수 없어 하며 무슨 말인지 도통 이해하지 못했다.

하지만 문장의 의미를 가르쳐주지 않았다. 어떤 아이라도 어떤 뜻이고 내용인지 궁금하지 않을 리가 없다. 하지만 가르쳐주지 않으니 참고 기다리는 수밖에 없다. 그 사이에 뜻을 알고 싶은 마음이 싹튼다. 가르쳐주지 않는 것이 도리어 좋은 교육으로 이어진다.

현대의 교육은 처음부터 의미를 알려준다. 의문을 품기도 전에, 즉 호기심을 키우기 전에 가르쳐준다. 글의 의미만이 아니라 글쓴이에 대해서도 하나하나 자세하게 가르쳐주려고 한다. 그렇게 일일이 가르침을 받는 것이 정말 행복할까. 친절도 지나치면 독이 된다. 옛날 스승들은 《논어》와 《맹자》를 낭송한다고 해서 공자와 맹자의 일대기까지 알아야 한다고 강요하지 않았다.

지금의 학교교육에서 글라이더 능력은 익혀도 비행기 능력을 익히기 어려운 이유는 거듭 말한 대로다. 그러고는 글라이더를 비행기로 오해한다. 시험에서 좋은 점수를 맞으면 그것만으로 비상할 힘이 있다고 지레짐작한다. 이것이 얼마나 많은 혼란을 초래하는지 모른다.

'생각한다'라고 하면 제일 먼저 수학이 떠오른다. 수학은 주어진 문제의 해답을 찾아내는 학문이다. 글을 읽고 그 안에서 지식, 정보를 끌어내는 다른 학문에 비하면 자못 자발적이고 적극적인 듯하다.

학교에서 무언가를 아는 활동은 국어를 중심으로 하는 읽는 학습과 관계가 있고, 무언가를 생각하는 활동은 수학을 중심으로 하는 학습과 관계되는 것처럼 보인다.

수학은 사고력을 기른다고 하지만 주어진 문제를 풀고, 해답을 내는 것은 여전히 수동적이다. 문제라는 틀 안에서는 적극적이지만 문제 자체는 외부에서 주어졌을 뿐 스스로 고민하고 궁리해서 만든 것이 아니다. 학교에서 배우는 수학은 언제나 처음부터 문제가 있는 것이 당연시된다. 스스로 문제를 만들고 그 문제를 푸는 수학은 한 번도 경험해보지 못하고 졸업한다.

그리스인들이 인류 역사상 가장 빛나는 문화의 기초를 쌓을 수 있던 것은 그들이 문제를 만드는 뛰어난 힘이 있고, 모든 것에 늘 '왜'를 물었기 때문이라고 한다. 그들은 비행기 능력이 뛰어났다.

문화가 복잡해지면 자유롭게 날아다니기가 힘들어진다. 또한 학교가 자꾸 글라이더를 사회에 내보내다 보니 글라이더가 넘쳐난다. 비행기는 글라이더에 눈엣가시 같은 존재다. 그런 지금, 창조성이라는 말이 오르내리는 것은 이래서는 안 된다는 반성이 일고 있다는 반증이다. 다만 안타깝게도 진정한 창조성을 키우는 방법까지는 미치지 않고 있다.

THINK
OUTSIDE
THE BOX
03

# 잠자고 있는 뇌에
# 아침 인사를

　인간은 언제부터 이토록 야행성으로 살아온 것일까. 물론 낮
동안 일하는 것이 보통이지만, 특히 지적인 활동은 밤에 해야 한
다고 정해진 듯하다. '가을은 선선하고 밤이 길어서 등불 아래서
책을 읽기에 좋은 때'라는 말을 들여다보면 전등불이 없던 옛날
에도 독서는 밤에 하는 것이라는 믿음이 깃들어 있었음을 알 수
있다.

　그리고 언제부터인가 밤을 신봉하는 현상이 생겼다. 밤늦게
까지 자지 않고 깨어 있느라 다음날 늦잠을 자면서도, 공부는

밤에 하지 않으면 안 된다는 이들이 흔하다. 이런 잘못된 믿음 때문에 아침 일찍 일어난다고 하면 노인네 같다고 비웃음을 사는 형편이다.

밤에 하는 생각과 아침에 하는 생각이 분명하게 차이 난다는 점을 몇 해 전에 깨달았다. 그리고 고민했다. '아침에 하는 생각은 밤에 한 생각과 왜 같지 않을까?' 재미있는 문제다.

밤에 잠들기 전에 쓴 편지를 아침에 눈을 뜨고 나서 다시 읽어보면 왜 이런 걸 썼을까 하고 의아한 생각이 든다.

편지를 쓰는 자세에 관한 외국 책을 읽다가, 편지를 부칠 때 주의할 점을 언급한 내용이 눈에 들어왔다. 감정적으로 쓴 편지는 반드시 하룻밤 그대로 두고 다음날 다시 읽고 나서 보내라, 하룻밤 지나서 보고 나면 그대로 보냈다가 낭패를 보는 일이 줄어든다. 현실적인 지혜다.

거기에 더해 아침의 두뇌가 저녁의 두뇌보다도 우수한 것 같다. 밤에 아무리 쥐어짜도 잘 풀리지 않던 일이 있다고 하자. 도저히 안 되어 내일 아침에 하자고 결심한다. 그런데 마음속 어딘가에서 "오늘 할 일을 내일로 미루지 마라"라는 속담이 스친다. 하지만 그것을 모른 체하고 잠자리에 든다.

다음 날 아침이 되어 다시 한 번 그 일에 도전해본다. 그런데 이게 웬일인가. 엊저녁에는 그렇게 꽉 막혀 풀릴 기미가 없던 문제가 술술 풀리는 것이 아닌가. 지난밤의 일이 마치 꿈만 같다.

처음에는 그런 일이 있어도 우연이라고 여겼다. 밤의 신봉자였기 때문이리라. 이윽고 이상한 기분이 들었다. 우연이라고 넘겨버리기에는 같은 일이 너무 많았다. 늦게나마 아침과 밤에는 같은 인간일지라도 다른 사람이 된다는 것을 뼈저리게 깨달았다.

'아침식사 전'이라는 말이 있다. 마침 곁에 있는 사전을 펼치니 '아침을 먹기 전'으로 적혀 있다. 아침을 먹기 전에도 해낼 수 있을 만큼 간단하다는 뜻으로 '그런 건 아침식사 전이다'라는 예시도 곁들여 있다.

그런데 문득 이런 생각이 들었다. 간단한 일이라서 아침식사 전에 하는 것이 아니라, 아침식사 전에 하기 때문에 결코 간단하지 않았던 일이 착착 해결되어 너무도 간단해 보이는 것은 아닐까. 상황을 전혀 모르는 주위 사람들이 그것을 아침식사 전이라고 한 것은 아닐까. 어떤 일이든 아침식사 전에 하면 착착 해결된다. 아침의 두뇌는 이처럼 효율이 좋다.

흥미롭게도 아침은 사람을 낙천적으로 만드는 듯하다. 전날 밤에 쓴 글이 영 마음에 들지 않아 내일 다시 쓰기로 하고 잠이 든 적이 있다. 밤이 물러나고 맑아진 상태에서 다시 읽어보니 그렇게 나쁘지만도 않았다. 그냥 이대로 밀고 나가자고 마음을 고쳐먹었다.

감정적이 되어 쓴 편지는 아침에 다시 보면 낙제지만 모든 것을 거부하지는 않는다. 내게는 좋은 점이 있으면 순순히 인정하는 관대한 면모도 있다.

아무튼 그런 일을 몇 번 겪고 나서, 그때까지의 생활을 아침형으로 바꾸기로 했다. 마흔 살쯤의 일이었다. 아직 나는 그럴 나이는 아니지만 노인은 자신도 모르게 아침형이 된다. 그렇게 저녁형이었다고 믿었던 사람마저도 아침 시간이 아니면 일을 하지 못한다는 말을 들은 적도 있다.

아침에 일을 하는 것이 자연스러운 모습이다. 아침식사 전에 일하는 것이야말로 정도를 걷는 행위이며, 밤에 등을 켜고 일하는 것은 자연에 거스르는 행위다.

젊을 때야 그것을 멋이라 믿고 무리한다. 그럴 만한 체력도 있다. 그런데 나이가 들수록 무리해도 체력이 들지 않아 자연으로 돌아간다. 아침에 일찍 눈이 떠져 곤란하다.

그래서 당시 그 정도의 나이도 아닌데 노인을 본받기로 결심하고 밤에 하던 일을 아침에 하기로 했다. 그렇다고 당장 그렇게 일찍 일어날 리가 없다. 느지막이 일어나서 아침식사 전에 일한다고 한들 바람직하지도 않다. 이래서는 곤란하다. 어떻게든 하지 않으면 안 되겠다 싶었다.

또한 호기롭게 일찍 일어날 수는 없지만 아침나절에 할 수 있는 일이라면 아침식사 전에 되도록 많은 일을 해치우고 싶었다. 그러려면 어떻게 하면 좋을까. 답은 간단하다.

아침식사를 거르면 된다.

8시에 일어나서 8시 30분에 식사를 했다면 아침식사 전에 일을 하는 것은 그림의 떡이다. 아침식사를 하지 않으면 8시에 일어나서 당장 일을 시작할 수 있다. 아침식사를 거른다는 표현은 맞지 않다. 점심까지 미룬다고 해야 한다. 아니면 아침과 점심을 동시에 먹는다고 말하는 것이 적당하리라. 아침 겸 점심을 뜻하는 브런치가 존재한다는 점에서도 이는 결코 허풍이 아니다.

이렇게 하면 점심까지는 전부 아침식사 전이 되어 아침 시간을 여유롭게 쓸 수 있다.

대개 위장에 뭔가 들어간 직후에 생각하는 것은 좋지 않다. 혈액이 소화에 몰두하면 머리가 멍해진다. 당연한 현상으로 학생이 오후 수업에서 밀려드는 졸음에 맥을 못 추는 것은 건강하다는 증거다. 그런 시간에 공부를 시키려는 것이 애당초 잘못이다.

맹수는 공복일 때가 훈련시키기에 더할 나위 없이 좋다고 한다. 배가 부르면 아무리 애를 써도 움직이지 않기 때문이란다. 동물은 인간보다 자연의 섭리에 충실하다. 인간은 억지로 잠을 쫓는다. 잠이 와도 자려고 하지 않는다.

때로는 그런 것도 필요하지만 늘 그래서는 안 된다. 식후에는 느긋하게 쉬자. 그 대신, 식전에 모든 것을 잊고 일에 집중하자. 오전 시간을 모조리 아침식사 전으로 돌리는 편이 좋다. 8시에 일어나도 네 시간이나 있다. 그 사이에 그날 할 일을 전부 처리한다.

나는 그렇게 한 지 20년이 되어간다.

그 사이에 또 한 가지 방법을 고안해냈다. 아침식사 겸 점심 식사를 느긋하게 하고 나서 한잠 자는 것이다. 밖에서 용무가 있을 때는 그렇게 할 수 없지만 하루 종일 자유로운 날에는 잔다. 옷을 입은 채로 아무 데서나 대충 눈을 붙이는 것이 아니다. 이불을 펴고 본격적으로 잔다.

그러면 머지않아 눈이 떠진다. 그때 '대체 지금은 몇 시지', '오늘은 완전히 늦잠을 자버렸네' 하며 잠시 오후 2시경과 아침을 혼동하는 정도라면 더할 나위 없이 효과적이다. 이 시간을 '나만의 아침'으로 삼는다.

세수를 하고 이를 닦는 아침의 의식을 마치면 해가 어느 높이에 있는지는 아무런 문제가 되지 않으며, 이제부터 새로운 하루가 시작된다.

하지만 '아침식사'는 하지 않는다. 대신 저녁에 '아침식사'와 저녁식사를 겸한 맛있는 음식을 한 상 차려 놓고 맛있게 먹는다. 그때까지의 시간은 전부 이렇게, 아침식사 전의 시간이다. 이렇게 하면 하루에 두 번, 아침식사 전의 시간을 만들 수 있다. 즉, 하루가 이틀이 된다. 실제로 이렇게 하면 오후 3시부터 저녁 6시, 7시까지도 두뇌가 잘 돌아간다.

시간을 정해서 생각할 필요는 없다는 이들이 적지 않다. 그래도 식사를 한 직후가 적당하지 않다는 것만은 분명하다. 몸이 피곤할 때도 마찬가지다.

그렇다고 한다면 한잠 자고 피로를 푼 후 배에 아무것도 들어가지 않은, 아침나절이 최고의 시간이라는 점은 쉽게 이해된다. 그렇다면 어떻게 해야 아침식사 전 시간을 늘릴 수 있을까?

**THINK OUTSIDE THE BOX**
**PART 2**

# 창조적으로
# 생각하고 시작하라

# 생각이 발효될 때까지
# 기다려라

앞에서도 말했듯이 졸업 논문을 쓰는 학생이 상담하러 온다.
아니, 어떻게든 해달라고 떼를 쓰러 온다.

무엇을 쓰든 자유라고 일러주었더니 무엇을 써야 할지 모른
다. 무엇을 쓰면 좋을지 가르쳐달라고 찾아온다. 이렇게 해보라
고 지시하면 그런 것은 하고 싶지 않다고 이기죽거리고, 임의로
하라고 내맡기면 어찌할 바를 모른다. 아이러니한 일이다.

연례행사처럼 나는 무엇을 쓰면 좋으냐고 찾아오는 학생들
과 씨름하는 사이에 스스로 주제를 붙잡는 방법과 같은 것을 가

르쳐주지 않으면 안 되겠다고 결심했다.

논문의 주제를 남에게 맡기면 자기 논문이라고 할 수 없다. 그러면 스스로 주제를 설정하려면 어떻게 해야 할까.

그것을 교실에서 큰마음 먹고 학생에게 이야기한 적이 있다. 하지만 머지않아 그런 것을 설명하기가 겸연쩍어 곧 그만두었다. 이 책을 통해 다시 한 번 부끄러움을 무릅쓰고 주제를 정하는 나만의 비법을 소개하려 한다. 예전에 학생에게 이야기한 것도 이와 다르지 않다.

문학 연구라면 먼저 작품을 읽는다. 평론이나 비평부터 시작하면 남들의 선입견에 싸일 수 있다.

작품을 읽다 보면 감탄하는 부분, 위화감을 느끼는 부분, 이해가 되지 않는 부분 등이 나온다. 그것을 하나도 빼놓지 않고 다 적는다. 반복해서 마음을 울리는 부분이 있으면 중요하므로 표시해놓는다. 이해가 가지 않는 수수께끼와 같은 곳이 재차 등장하면 그것도 주의를 요한다.

그런 부분이 소재가 된다. 하지만 이것만으로는 아무것도 이루어지지 않는다. 맥주를 제조할 때, 보리가 아무리 많아도 그것만으로는 맥주를 만들지 못하는 것과 마찬가지다.

여기에 약간의 아이디어, 힌트가 필요하다. 그것은 작품 안에는 없지만 그렇다고 특별히 어디에서 찾을 수 있다고 정해진 것도 아니다. 때로는 잡지를 읽다가 참고가 되는 기사를 발견하기도 한다. 남들과 잡담하다가 의외의 힌트가 떠오르기도 한다. 독서, 텔레비전, 신문 등 어디에 어떤 흥미로운 아이디어가 숨어 있는지 아무도 모른다.

맥주 제조를 예로 든다면 이런 힌트, 아이디어는 발효소에 해당한다. 학생들 중에는 작품을 닥치는 대로 읽기만 하는 이들이 있는데 이러면 아무리 세월이 흘러도 주제를 만들어내지 못한다. 논문도 내지 못한다.

술이 되는 요소를 첨가할 필요가 있다. 이것은 재료인 보리와 종류가 같아서는 안 된다. 이질적이어야 한다.

위대한 발견은 때로 남다른 영감으로 이루어진 것처럼 보인다. 하지만 이것은 제삼자가 '효소'를 보지 못한 채 경이롭게만 바라보았기 때문이다. 주제, 심지어 흥미로운 주제를 얻으려면 이 힌트가 탁월하지 않으면 안 된다. 그런데 그것이 마음처럼 나타나지 않으니 고생스럽다.

하지만 아무리 고생스러워도 효소를 더하지 않으면 보리가 술이 되지 않는다.

그러면 아이디어와 소재만 있으면 당장 발효되고 맥주가 만들어지는가? 그렇지도 않다.

이것을 얼마 동안 가만히 놔두어야 한다. 다음 챕터에서 설명하겠지만, '재워두어야' 한다. 여기서 소재와 발효의 화학반응이 진행된다. 아무리 좋은 소재와 훌륭한 효소가 있어도 함께 섞는다고 당장에 술이 되지 않는다.

머릿속의 양조장에서 시간을 들인다. 너무 들썩이면 안 된다. 잠시 잊는다. "지켜보는 냄비는 끓지 않는다"는 말처럼.

여기서 한 가지 구체적인 사례를 들어보자. 십 수 년 전, 내가 이본론(異本論)에 심취했을 때의 일이다.

세계적인 대문호인 셰익스피어조차 살아 있는 동안에 그렇게 추앙받은 것은 아니다. 세상을 떠난 직후부터 위대하다고 평가받았으나 그래도 신격화되지는 않았다. 그로부터 평가가 조금씩 상승했지만 그래도 시대에 따라 약간의 부침은 있었다.

셰익스피어만 그런 것은 아니다. 11세기 초 일본의 궁중 생활을 다룬 장편소설《겐지 이야기》도 상황이 이와 비슷했다. 왜 작품은 변하지 않는데 평가가 고정되지 않고 움직이는 것일까. 이런 의문이 들었다. 이런 의문은 말하자면 맥주의 보리라고 할 수 있다.

주장이 너무 분분해 중심을 잡기 힘들었던 어느 날, 주장이 분분한 문장이나 의미는 그 자체가 모호해서가 아니라 해석하는 사람이나 시대가 다르기 때문이라는 비평을 읽었다. 이처럼 인간은 저마다 해석하려고 한다. 하지 않고는 견딜 수 없는 존재인 듯하다.

그와 거의 때를 같이해 유언비어가 왜 전승되는가에 관심을 가졌다. 여기에서도 인간은 자신이 군살을 붙이지 않고는 이야기를 있는 그대로 넘겨주지 않는다는 점에 생각이 미쳤다.

이 두 가지가 힌트가 되었다. 효소다. 몇 년을 가만히 두면 저마다 정본에 맞서는 이본을 만들려고 한다. A라는 것을 읽고 이해했다고 하자. 그 결과는 결코 A가 아니라 A-1, 즉 A의 이본이 된다. 문학이 재미있는 것은 이본을 허용하기 때문이다. 법전을 읽으면 소설처럼 재미있지 않은 이유는 법률은 이본을 거의 허용하지 않기 때문이다. 물론 법전도 해석을 둘러싸고 다른 견해들이 있고, 이본이 전혀 없지는 않지만.

이렇게 《이본론》이라는 에세이를 썼다. 내게는 이 책이 일종의 맥주인 셈이다.

맥주 제조에 비유해 논문의 주제를 설명하면 학생이 질문한다.

"얼마 동안 재워두면 발효됩니까?"

이것이 일률적이지 않다는 점이 맥주 제조와는 다르다. 맥주는 일정한 시간을 재워두면 되지만 머릿속의 제조기간은 사람에 따라, 같은 사람일지라도 경우에 따라 발효되기까지 필요로 하는 시간이 다르다.

하지만 발효가 시작되었다면 그것을 보고도 그냥 지나칠 일은 일단 없으니 안심해도 좋다. 머릿속에서 저절로 움직이기 시작한다. 기회가 있을 때마다 떠오른다. 그것을 생각하면 가슴이 설레고 즐거워진다. 그러면 이미 술이 빚어지는 발효작용이 진행되고 있는 것이다.

이렇게 발효된 주제를 《인간희극》으로 유명한 프랑스의 문호 발자크는 재미나게 표현했다.

"숙성된 주제는 제 발로 찾아온다."

애쓰지 않아도 얻을 수 있다. 알아서 찾아온다.

그래도 예정이라는 것이 있다. 미리 예상하고 싶어지는 것이 인지상정이다. 그러려면 소재와 효소의 힌트를 섞은 날짜를 메모에 기입해두도록 한다. 그리고 주제가 알아서 찾아올 것 같은 날짜를 기입한다. 그 차이가 재워두는 데 필요한 시간이 된다.

반복하고 또 반복해서 같은 것을 하다 보면 대체로 얼마 정도 지나면 발효가 시작되는지 어림짐작이 가서 미리 계획을 세울 수 있다. 논문을 쓸 때, 시간이 얼마나 소요될지 대충 예정할 수 있으면 편하겠지만, 처음 쓴다면 목표를 세우기가 쉽지 않다. 역시나 신에게 가호를 구하는 경우가 많다.

THINK
OUTSIDE
THE BOX
02

# 뚜껑을 열지 말고,
# 끓을 때까지 기다려야

19세기의 소설가 월터 스콧은 《아이반호》, 《웨이벌리》 등의 역사소설로 유명한 작가다.

그는 자면서 생각하는 타입이었던 모양이다. 어떻게 하면 좋을까, 걱정되는 일이 생기면 그는 꼭 이렇게 말했다고 한다.

"끙끙대며 고민할 필요 없어. 내일 아침, 7시에는 해결되어 있을 거야."

지금 여기서 의논하기보다 하룻밤 자고 눈을 떠보면 자연히 결말이 난다는 것을 경험으로 알고 있었기 때문이리라.

아침을 신뢰하고 아침의 상쾌함을 기대했다는 말인데, 그만 그랬던 것은 아닌 모양이다. 그 증거로 '하룻밤 자고 생각한다'라는 뜻의 영어 숙어 'sleep on'도 있다. 아침이 되어 떠오르는 생각이 훌륭한 것을 많은 사람들이 알았음을 미루어 짐작할 수 있다.

아르키메데스와 뉴턴에 버금가는 뛰어난 수학자로 꼽히는 사람이 가우스다. 그의 기록 중에는 "1835년 1월 23일, 아침 7시, 기상 전에 발견"이라는 메모도 있었다. '하룻밤 자면서 한 생각' 혹은 '여러 밤 자면서 한 생각'이 아침이 되자 머리 밖으로 뛰쳐나온 것일까.

에너지 보존 법칙을 확립한 헬름홀츠는 위대한 과학자 중 한 사람인데, 그는 아침에 눈을 뜨면 좋은 생각이 떠오른다고 말했다고 한다.

이런 예를 보면 발견은 아침을 좋아하는 듯하다.

'삼상(三上)'이라는 말이 있다. 중국 송나라 때 문장가인 구양수가 한 말이다. 그는 글을 지을 때 훌륭한 생각이 자주 떠오르는 장소 세 곳으로 말 위, 이부자리 위, 화장실에 있을 때를 꼽았다. 이 중 이부자리 위는 밤에 잠자리에 들어간 후의 시간으로 볼 수 있다. 그런데 그것은 사실 아침에 눈을 뜬 뒤 잠자리에서 일어날 때까지의 시간이다. 그렇다면 스콧도, 가우스도, 헬름홀츠도 침상의 실천가였던 셈이다.

대체로 잠들기 전에 너무 심각한 일을 생각하는 것은 좋지 않다. 잠이 드는 것을 방해한다. 자려고 하면 도리어 꼬리에 꼬리를 물고 여러 가지 생각이 떠오른다. 그럴 때 묘안이 떠오르기는 어렵다.

자기 전에는 너무 재미있는 책을 읽는 것도 생각해볼 일이다. 언제까지나 자극이 이어지면 마음이 들떠 잠이 잘 오지 않는다. 늦은 시간에 커피나 홍차를 마시면 안 된다는 것을 잘 알면서 흥분되는 책을 아무렇지도 않게 읽는 사람이 있다. 잠자리에 들 때는 되도록 머릿속을 시끄럽게 하지 않는 편이 좋다. 그리고 아침을 기다린다.

그렇게 보면 침상이라고 해도 밤 시간이 아니라 아침으로 해석하는 것이 맞지 않을까. 우리는 대개 이런 아침 시간을 거의 활용하지 않고 보내고 있지 않은가. 적어도 뭔가를 궁리하려고 한다면 눈을 뜨고 나서 일어나기까지의 시간 동안의 성스러운 생각에 마음을 집중시켜야 한다.

그러려면 종자가 필요하다. 멍하니 있으면 아무것도 생기지 않는다. 생각한 것이 있어야 착상이 나온다.

왜 '하룻밤 자고' 나서 좋은 생각이 떠오를까? 그 이유는 잘 모르겠다. 다만, 문제에서 답이 나올 때까지 시간이 걸리는 듯하다. 그동안 내내 생각하면 도리어 좋지 않다. 얼마 동안 가만히 놔둔다. 그러면 생각이 응고된다. 즉, 자는 시간이 생각을 응고

시키기에 적당하다는 뜻이다.

흔히 "아침부터 밤까지 쉴 새 없이 생각했다"라고 말하는 사람이 있다. 자못 깊이 생각한 것 같지만 제대로 된 결실을 만들지 못할 때가 많다. 집착하는 것이 생긴다. 큰 틀을 보지 못하고 부차적인 부분에 눈이 멀어 혼란에 빠질 수밖에 없다.

앞에서도 인용했지만 외국에 "지켜보는 냄비는 끓지 않는다"라는 속담이 있다. 언제 끓지, 언제 끓지 하고 쉴 새 없이 냄비 뚜껑을 열었다 닫았다 하면 아무리 시간이 흘러도 끓지 않는다. 지나치게 의식하면 도리어 결과가 좋지 않다. 얼마 동안은 놔두는 시간이 필요하다는 것을 알려주는 속담이다.

생각할 때도 이와 다르지 않다. 생각을 너무 오래 하면 문제가 더 깊숙이 파고들어가서 나와야 할 싹도 나오지 못한다. 반면에 하룻밤 자고 나서 보면 냄비 안은 알맞게 끓고 있다. 침상의 이치가 여기에 있다.

상황에 따라서는 하룻밤으로는 너무 짧은 경우가 있다. 큰 문제를 해결하려면 오랜 세월 재워두어야 한다. 생각하기 시작하고 바로 답이 나오는 것은 대단한 문제가 아닌 경우다. 진짜 큰 문제는 오랫동안 마음속에 소중히 품지 않으면 형체가 만들어지지 않는다.

미국의 경제학자이자 케네디 대통령의 경제 수석 보좌관으로도 유명한 월트 로스토. 그가 제창한《경제신장론》은 획기적인 학설로 높이 평가받았다. 그 책의 서론을 펴면, "이 문제에 처음으로 관심을 가진 것은 하버드의 학생으로 있었을 때"라고 쓰여 있다. 그로부터 몇 십 년이나 세월이 흘렀다. 바빠서 완성하는 것이 늦은 것이 아니다. 늘 마음속에 품고 있었다. 그것이 마침내 알에서 깨고 나온 것이다. 이처럼 큰 문제는 병아리로 변신하기까지 오랜 세월이 걸리기도 한다.

로스토도 이 이론에만 매달리지는 않았을 것이다. 다른 일도 고민했을 것이다. 게을러서 그런 것이 아니다. 시간을 준 것이다. '지켜보는 냄비'처럼 오로지 그 일만 궁리했다면 도중에 흥미를 잃었을지도 모른다.

예전에는 사소하고도 특수한 문제를 전심으로 연구하는 학구파가 흔했다. 그들은 한눈도 팔지 않고 오로지 하나의 과제에 매달렸다. 연구자로서 왕도를 걷고 있는 것 같지만 들인 공에 비하면 효과가 미미했다.

역시 냄비를 지나치게 들여다본 탓이다. 냄비에도 끓을 자유로운 시간을 주지 않으면 안 된다. 데우고 뜸을 들여야 한다. 생각을 정리하는 방법으로 재우는 것만큼 중요한 것은 없다. 생각을 재우는 것은 필수다.

작가에게 가장 좋은 소재는 어린 시절의 경험이라고 한다. 어린 시절의 경험을 바탕으로 한 작품을 쓰지 못하는 작가라면 변변치 못하다고 해도 좋으리라.

왜 훌륭한 작품들 중에는 어릴 적 이야기를 다룬 것이 많을까. 소재가 충분히 재워졌기 때문이다. 결정만 남았기 때문이다. 쓸데없는 것은 시간이 흐르며 자연히 바람에 씻겨 날아간다. 오랫동안 마음속에 소중히 품어온 것은 신비한 힘을 갖고 있다. 재워두었던 주제는 눈을 뜨면 눈부신 활약을 펼친다. 어떤 일도 무작정 서둘러서는 안 된다. 인간에게는 의지의 힘만으로는 도저히 안 되는 것이 있다. 그런 것은 시간이 흐름에 따라 자연스럽게 의식을 초월한 곳에서 결말이 난다.

노력하면 무슨 일이든 이루어진다고 믿는 것은 오만이다. 노력해도 안 되는 일이 있다. 거기에는 시간을 들이는 수밖에 없다. 자면서 행운을 기다리는 것이 현명하다. 때로 하룻밤 사이에 푹 익는 채소절임처럼 금세 완성되는 것도 있는가 하면, 몇십 년이나 침잠한 후에 비로소 형체를 갖추는 것도 있다.

# 기분 좋게 취하지만
# 독단에 빠지지 않게

머릿속에서 술을 제조하려면 어떻게 할까는 이미 설명했다. 거기에서 나온 것은 온전히 자기 머릿속에서 나온 것이며, 섞인 것이 아니다. 적어도 다른 것에서 유입되어 섞인 흔적은 없다. 독창적이다.

이런 생각, 착상을 하면 독선적이 되는 듯하다. 다른 것은 전부 틀린 것, 잘못된 것이라고 여기고 만다. 자신감이 생긴 것은 좋지만 지나치면 역시 위험하다. 하나만을 바라보면 다른 것은 눈에 들어오지 않기 때문이다.

미국의 여류작가로 퓰리처상을 수상하기도 한 윌라 캐더가
이런 글을 썼다.

"한 명은 너무 많다. 한 명은 모든 것을 앗아간다."

여기서 '한 명'이란 연인을 가리킨다. 상대가 한 명밖에 없으
면 다른 것이 눈에 들어오지 않아서 모든 질서를 무너뜨린다는
말이다.

착상도 이와 비슷하다.

"하나만은 너무 많다. 하나는 모든 것을 앗아간다."

"한 길로만 걷는다"는 말이 있다. 너무나도 순수하고 한결같
아 아름다운 삶처럼 보이지만 반드시 풍요로운 결실을 약속한
다고는 할 수 없다. 몇 개의 길과 각각 관련을 맺고 살아야 이윽
고 펼쳐 놓은 그물을 거두어들이고 풍성하게 수확할 수 있다.

논문을 쓰려는 학생에게 충고한다.

"주제가 하나인 것은 너무 많다. 적어도 두 개, 할 수 있으면
세 개는 갖고 출발하기 바란다."

이 말을 듣는 쪽에서는 왜, 하나가 '너무 많다'고 하는지 감이
오지 않겠지만, 그것은 때가 되면 자연히 알게 된다. 그 전까지
는 설명해봤자 소용없다.

주제가 하나밖에 없다? 그렇다면 지켜보는 냄비처럼 된다. 이
주제로 논문이 잘 써지지 않으면 뒤가 없다. 그래서 자꾸 그 주제
에 집착하게 된다. 묘하게 힘을 준다. 머리가 빠르게 돌아가지

않는다. 그런데 만약 이것이 잘못되어도 대신할 것이 있다고 여기면 마음이 편해진다. 주제끼리 경쟁시킨다. 가장 잘 써질 것 같은 주제를 고른다. 자, 무엇이 좋을까, 이런 식으로 생각하면 주제가 제 발로 걸어온다. 요컨대 '하나는 너무 많다.'

자기만 특별하다고 여기는 것은 오만이다. 자기 말고도 우수한 인재는 얼마든지 있다. 독창적이기는 하지만 그리 대단하지도 않은 것을 떠올리고는, 이것을 최고라고 착각하고, 그 때문에 앞사람들의 실적이 눈에 들어오지 않는 상태가 되어서는 안 된다. 자신을 갖되 겸허하지 않으면 안 된다.

지금 술을 양조하는 방법으로 자신만의 아이디어로 만들었다고 하자. 이것을 그대로 놔둘 수도 있지만, 같은 아이디어를 낸 사람이 지금까지 없었는지 조사하는 것은 당연한 일이다. 비슷하거나 혹은 같은 종류의 '술'이 우연히도 이미 존재한다면 나중에 만든 '술'을 독창적이라고 소리 높여 외쳐봤자 아무도 박수치지 않는다. 우선권이 없기 때문이다. 비슷하게 생각한 사람이 단 한 번도 없었던 일은 여태까지 아주 드물게만 일어났다.

유명 작가가 여성을 묘사하는 방법을 남들과 다른 시점으로 들여다본 연구자가 있다고 해보자. 자신의 생각을 정리해 그 관점이 독창적이라고 자신하고 이와 관련된 선행 연구가 있는지 없는지를 검토한다.

A, B, C, D의 네 가지 주장이 이미 존재한다고 하자. 본인이

떠올린 X는 이 중 그 어느 것과도 다르지만 굳이 나누자면 B에 가깝다.

여기서 가장 유혹적인 방법은 B를 채용하고 나머지 A, C, D를 부정하면서 자신의 X를 내세우는 방식이다. A, C, D를 뒤섞으면 자칫 X가 희미해질 우려가 있다.

또 하나는 '○○○의 소설에 나타난 여성을 묘사하는 방법'이라는 제목만 따오고 그것을 주제로 삼은 후, A에서 D까지 선행된 연구를 찾아낸다. 그리고 오로지 이를 토대로 논문을 작성하는 방법이다. 여기서는 자기만의 방식으로 X라는 술을 빚지 않는다. 오직 남들의 술로 승부한다.

A, B, C, D를 섞으면 칵테일처럼 되겠지만, 이런 바텐더가 진짜 칵테일을 만들 수 있을 리가 없다. 짬뽕 술이다. 칵테일을 흉내 낸 것일 수밖에 없다.

여태까지 우리나라의 인문계열 학문 중에 이런 식으로 칵테일을 흉내 낸 논문이 얼마나 많았던가. 입이 험한 사람은 대놓고 각주에서 논문이 만들어진다고 말했다. 이 경우, 혼합된 술을 입수하는 것이 선결과제다. 그리고 거기에서 각각 쓸 만한 부분을 골라낸다. 이것은 입론, 즉 논의의 줄거리를 세우는 데 골격이 되는 것이라서, 맨 먼저 정리된다. 논문 자체는 거기에 적당히 살을 붙여 완성한다.

학설을 집대성하고 잘 정리해놓으면 후대 사람이 편해지는 것은 사실이다. 단, 이것을 논문이라 부르기에는 문제가 있다. 군이 말하자면 연구 자료 정도로 봐야 한다. 그런데 이를 학문적으로 가치가 높은 양 오해한다. 이런 오해가 생긴 이후로, 일부러 자료를 찾아다니며 매몰된 것을 발굴하는 것을 가장 큰 보람으로 여기는 이들이 많아졌다.

대상을 살펴보고 새로운 생각을 틔우는 첫 번째 조건은 독창성이다. 자신이 떠올린, 타의 추종을 불허하며, 적어도 본인은 그렇게 자부하는 착상이 필요하다. 단, 그것을 여기저기 떠들고 다니면 설득력이 없다. 기껏 떠올린 아이디어도 독단적인 신념으로만 보인다.

그래서 방금 전에 본 것처럼 이제껏 나온 모든 주장을 조합해야 한다. A, B, C, D 중 B가 X에 가장 근접했다고 해서 만들어낸 XB가 아전인수 같다는 느낌이 드는 것은 부정할 수 없다. 그래서 A와 C, D를 각각 적당히 참조하면서 새로운 조화를 궁리한다. 이에 따라 가는 선과 같던 독창성은 굵은 줄기가 된다.

훈고학이라는 분야가 있다. 경전 등의 글자와 구절을 충실하게 해석하는 것을 주된 방법으로 하는 학문이다. 유명한 고전일수록 난해하게 여기지는 부분에는 다양한 주장과 학설이 쏟아져 나온다. 그것들만 모은 책도 있다.

훈고학자들은 학설이 분분한 난해한 문장이나 글 중에 자신의 의견과 가장 가까운 것을 하나 골라 이를 정설로 만들려고 했다. 자신만의 주장이 서지 않은 경우에는 더 마음에 드는 의견을 고르고, 나머지는 뒤로 밀어낸다. 그것이 일반적이었다.

그런데 지금은 이런 분분한 학설과 의견이 전부 그 문장과 글을 해석하는 데 필요해서 생겨난 것으로 보고 있다. 완전히 부정하는 것은 당위성을 얻지 못한다. 모든 것을 포괄해야 한다. 시인이자 비평가인 윌리엄 엠프슨은 다양한 해석을 허용하고 받아들이는 것이 작품을 제대로 이해하는 능력이라고 주장했다. 셰익스피어의 희곡《햄릿》중 유명한 고백 "사느냐 죽느냐 그것이 문제로다"라는 대사도 옛날부터 해석이 분분했다. 그는 그중 어느 한 주장이 옳다는 것이 아니라 그 모든 것을 포괄한 세계가 이 대사의 의미라고 말했다.

착상도 이와 다르지 않다. 같은 문제에 A부터 D까지의 주장이 있다고 하자. 자신이 X라는 새로운 주장을 얻었다고 해서 그것만 존중하고 그 외의 것을 전부 내다버리면 만용에 빠지기 쉽다. X에 가장 가까운 B만을 긍정하려는 것도 마찬가지로 아전인수 격이다. A에서 D까지와 X를 전부 인정하고, 이것을 조화시키고 절충해야 한다.

이렇게 만들어진 것이 칵테일 비슷한 것이 아닌, 진정한 칵테일 논문이다. 훌륭한 학술 논문은 거의가 이렇다. 인간을 취하게 하면서도 독단에 빠지지 않는 견실함을 갖추고 있다.

# 에디터의 눈으로
# 전체를 디자인하라

소설가는 몇 개의 소품을 묶어 단편집을 낸다. 소설이 아니어도 여기저기에 쓴 에세이 등을 모아서 책으로 출판하는 일이 흔하다.

〈황무지〉로 유명한 시인 T. S. 엘리엇은 20세기에 가장 유명한 문학자 중 한 명이다.

그는 "평생에 한 번도 책을 쓰지 않았다"고 한다. 물론 그의 이름으로 출판된 책은 많다. 여기서 '책을 쓰지 않았다'라는 것은 한 번 발표한 글을 모은 책은 있지만 출판을 목적으로 집필

한 것은 아니라는 의미다. 책을 내려고 글을 쓰지 않았다는 뜻이다.

그런데 이런 글들을 묶어 펴낸 책을 보면 재미있는 일이 벌어진다. 글이나 작품 하나하나는 그렇게 특별히 우수하지 않는데, 모아 놓으면 몰라볼 정도로 훌륭해진다. 그런가 하면 읽었을 때는 눈이 휘둥그레질 정도로 경탄했던 작품이, 여러 글을 모은 책의 일부가 된 상태에서 다시 읽으면 언제 그랬냐는 경우도 있다.

"전체는 부분의 총화에 있지 않다"라는 말이 떠오른다.

독립된 작품이 더 큰 전체의 일부가 되면 성격이 달라진다. 보는 이도 달라진다. 전후에 어떤 것이 연결되어 있는지에 따라서도 느낌이 크게 달라진다. 구성 부분이 같으면 어떻게 배열하더라도 큰 차이가 없다는 사람은 편찬본을 만들 자격이 없다.

편집이 훌륭하면 부분의 총화보다 훨씬 재미있는 전체의 효과가 나오며, 각 부분도 각각 단독으로 표현되었을 때와 비교해 훨씬 좋아 보인다.

이런 예로 《겐지 이야기》가 있고, 유럽에는 《데카메론》과 《캔터베리 이야기》, 우리가 흔히 '아라비안나이트'라고 부르는 《천일야화》 등이 있다. 이 작품들은 '액자식 이야기'로 단편들을 연결해 완성된 대하장편이다.

이때 하나하나의 '이야기'가 작자의 창작일 필요는 없다. 창작도 있지만 유포된 이야기를 빌려와도 전혀 지장이 없다. 작자의 기량은 오히려 무엇을 어떻게 배열하느냐에 달려 있다. 창조적인 재능은 편집에 집중된다.

각각의 이야기가 아무리 훌륭해도 그 배치가 독자를 지루하게 한다면 장편으로 이야기를 엮어낸 것은 허사로 끝난다. 이렇게 보면 액자식 기법은 근대의 잡지 편집과 매우 흡사하다.

편집자는 직접 원고를 쓰지 않는다. 써도 되지만 편집자는 글을 잘 쓰느냐 못 쓰느냐로 평가받지 않는다. 남이 쓴 것을 얼마나 잘 엮느냐, 혹은 그러기 위해 누구에게 무엇을 쓰게 하느냐에 목숨을 건다.

원고를 쓰는 것을 1차적 창조라고 한다면 원고를 새로운, 보다 큰 전체로 엮어 완성하는 것을 2차적 창조라고 할 수 있다. 각 파트의 악기 연주를 1차적이라고 한다면 심포니를 아우르는 멋진 연주를 완성하는 지휘자의 활동은 2차적이다. 2차적 활동이 1차적 활동에 비해 뒤떨어지지 않다는 것은 프로야구 감독은 물론 패션디자이너, 영화감독, 방송국 PD의 역할만 봐도 알 수 있다.

2차적 창조의 가치를 인정받으려면 어느 정도 성숙한 사회가 전제되어야 한다. 그렇다면 《겐지 이야기》와 《데카메론》의 시대를 고리타분하다고 말하며 가볍게 다루지는 못할 것이다.

1차적 창조는 creation, 말 그대로 창조다. 이것을 가공해서 새로운 가치로 승화시키는 것은 메타 창조(meta creation)다. 생각의 영역에서도 이런 창조와 메타 창조의 차원이 존재한다. 칵테일식 논문은 메타 창조를 거쳐 탄생했으며, 이야기로 말하자면 《데카메론》과 《겐지 이야기》가 여기에 해당된다.

즉흥적인 생각, 착상은 1차원적이다. 이 중에 독립적인 의미를 갖는 것이 있다. 그런 경우는 괜히 쓸데없는 것을 섞거나 하지 않는 편이 좋다. 반면에 단독으로는 힘을 발휘하지 못하는 착상도 있다. 이때는 그대로 놔두면 즉흥적인 생각에 불과하다.

자신의 착상이 아니어도 좋다. 재미있다고 여겨 주의해서 모은 것이 몇 가지 있다고 하자. 이것을 그대로 노트에 적어두면 아무리 많은 것을 알아도 그 사람은 단순히 박식한 것에 그친다. '지(知)의 에디터십', 바꿔 말하면 머릿속에서 칵테일을 제조하려면 자기 자신이 얼마나 독창적인가는 별 문제가 되지 않는다. 갖고 있는 지식을 어떻게 조합해서 어떤 순서로 배열하느냐가 핵심이 된다.

여기저기 쓴 글을 모아 책으로 내고, 단편소설을 엮어 단편집을 만들어내는 '지의 에디터십'은 흔한 일인데도 그것이 기존의 지식을 편집으로 새로운, 그때까지와는 전혀 다른 가치가 있는 것을 만들어낸다는 사실이 잘 알려지지 않다니 참으로 신기한 일이다.

A, B, C, D, E라는 다섯 가지 문제가 있다고 하자. 각각은 이미 인정받은 생각이다. 이것을 그대로 놔두면 다섯 개가 그냥

나열되어 있는 것에 불과하다. 이것을 집대성하려면 모아 놓기만 해서는 곤란하다.

어떤 순서로 할까. 그것이 문제다. A→B→C→D→E의 순서로 배치하면 재미있지 않은 조합이 E→D→C→B→A로 하면 단숨에 재미있는 조합이 된다. E→C→D→A→B로 하면 또 다르게 보인다. 가장 좋은 순서로 나열되었을 때 가장 큰 의미를 낳는 것, 그것이 에디터십, 즉 편집적인 능력이다.

한 시인이 말했다.

"시는 가장 적당한 단어를 가장 적당한 순서로 배치한 것이다."

시도 말의 에디터십에 의해 탄생된다.

다음은 한 유명한 시인이 털어놓은 창조의 방법이다. 뭔가를 생각한다. 꿈틀꿈틀 나오려고 한다. 그리고 떠오른 것을 하나씩 차례대로 각각의 카드에 적는다. 카드가 충분히 만들어졌으면 카드들을 한 줄로 나열한다. 이때는 재미있어 보이는 순서대로 배치한다.

이렇게 해서 순서를 정한다. 재미가 없으면 순서를 바꾼다. 마음에 드는 순서가 정해질 때까지 여러 번 반복한다. 마침내, 이걸로 됐다 싶을 때 카드들을 이어서 붙인다. 혹은 그 순서로 큰 종이에 붙인다.

이것이 착상의 에디터십이다. 사람들을 매혹시키는 힘이 있는 재미난 표현은 이렇게 해서 탄생한다.

이렇게 명확한 방식으로 조합하는 것은 드물겠지만, 많은 사람들이 위와 흡사한 방식으로 생각한다. 재미있는 칵테일을 제조하려면 절묘하게 배합하는 감각이 요구된다. 요리를 할 때도 마찬가지다.

일반적으로 말하면 진부한 것끼리 결합시켜봤자 새로운 것이 나오기 힘들다. 언뜻 보기에 도저히 함께 만들 수 없을 것 같은 이질적인 생각을 결합시켜야 기상천외한 생각이 나온다.

THINK
OUTSIDE
THE BOX
05

# 마음의 짐을 내려놓아야
# 길이 보인다

보통 사람들은 시 등의 창작이 개성의 표현이라고 여긴다. 20세기가 되어 그에 반론을 제기한 사람이 T. S. 엘리엇이다.

그는 창작을 '전통과 개인의 재능'이라고 말한다. 시인은 늘 자기를 더 가치가 있는 존재에 복종시키지 않으면 안 된다. 예술의 발달은 부단한 자기희생이며, 부단한 개성의 소멸이다. 예술이란 이런 탈개성화의 과정이나 다름없다.

그렇게 설명한 후, 그는 아날로지, 즉 유추를 내세웠다.

"시를 창조할 때 일어나는 것은 산소와 이산화유황(아황산가스)이 있는 곳에 백금의 필라멘트를 넣었을 때 일어나는 화학반 응과 흡사하다.”

훗날, 이 화학적 지식은 정확하지 않은 것으로 밝혀졌으나, 그 것과는 별개로 이것을 촉매반응이라고 한다.

어디에서 아날로지가 성립되느냐 하면 촉매재인 백금이 화합 전후에 전혀 증감의 변화가 없는 점이 시인의 개성이 담당하는 역할과 통하는 데가 있다고 그는 생각했다.

그에 따르면 ‘시인은 자신의 감정을 시로 짓는 것이다’, ‘개성 을 표현하는 것’이라는 상식에 반해 ‘자신을 드러내서는 안 된 다’고 했다. 개성을 탈피하지 않으면 안 된다는 의미다. 그러면 개성이 하는 역할은 무엇인가. 이 물음에 답하려고 촉매의 개념 을 등장시켰다.

산소와 아황산가스를 같이 섞기만 하면 화합은 일어나지 않 는다. 거기에 백금을 넣어야 화학반응이 일어난다. 그런데 그 결 과의 화합물 안에는 백금이 없다. 백금은 완전히 중립적이며, 화합에 참가해 화학반응을 일으킬 뿐이다.

시인의 개성도 백금과 같아서, 그 자체는 표현되지 않는다. 그 개성이 첨가되지 않으면 결코 화합하지 않을 듯한 것을 화합시 켜야 ‘개성적’이라고 할 수 있으리라.

이런 그의 생각은 그때까지의 예술사조에 파문을 일으켰고, ‘몰개성설’이라 일컬어지며 유명해졌다.

서양에서는 이런 개념이 참신했지만 동양에서는 그리 특출 난 것은 아니다.

특히 일본의 시가는 주관을 그대로 표출하는 것을 꺼리고 상징적으로 혹은 비유적으로 심리를 표출하는 방법을 발전시켜왔다. 그 단적인 예가 하이쿠다.

하이쿠에서는 꽃과 새와 바람과 달과 같이 천지간의 아름다운 경치를 빌려 감정이나 사상 등의 주관을 간접적으로 표현한다. 자연현상의 결합은 하이진, 즉 하이쿠 작가의 주관이 개입한 상태에서만이 이루어지는데, 주관이 표면에 강렬하게 드러나는 작품은 격이 떨어진다고 보았다. 주관이 적극적으로 작용하면 가치가 낮고 개성적인 작품이 나온다.

훌륭한 하이쿠는 하이진의 주관이 수동적으로 작용해, 표현할 수 있는 다양한 소재가 자연과 결합할 수 있는 자리가 제공될 때 탄생한다. 옛사람들은 언뜻 보기에 몰개성적으로 보일 이런 작품에서야말로 엄청난 개성이 나온다고 봤다.

비슷한 현상은 이미 설명한 에디터십에서도 볼 수 있다. 표현하는 필자와 수용하는 독자의 손을 이어주는 것이 편집이라면, 에디터십은 자신의 개성과 재능을 종횡으로 발휘해 멋진 지면을 만들어내는 것이 아니다. 오히려 자신의 취향 등을 내려놓고, 집필자와 독자가 화합하는 데 필요한 매개체로서 중립적으로 기능한다.

2차적 창조는 촉매적인 창조를 가리킨다.

하이쿠와 에디터십이 의외로 가까운 관계에 있음은 자못 흥미롭다. 또한 그것이 서구에서 20세기가 되어 마침내 발견한 시의 몰개성설과 흡사한 것도 재미있다.

이 촉매설은 생각할 때도 참고가 된다. 새로운 것을 생각할 때 모든 것이 자신의 뇌에서 나온다고 믿어서는 안 된다. 무에서 유를 만드는 것은 그리 쉽게 일어나지 않는다. 보통은 이미 존재하는 것을 결합시켜 새로운 것을 탄생시킨다.

뛰어난 촉매라면 특별히 결합시키려고 하지 않아도 자연히 기존의 것끼리 화합하게 한다. 그것은 언뜻 보기에 영감을 받은 것처럼 보일지도 모른다. 하지만 전혀 아무것도 없는 곳에서 영감이 일어나지는 않는다. 다양한 지식과 경험과 감정이 이미 존재하고 있다. 거기에 한 인간의 개성이 첨가된다. 그러면 지식과 지식, 혹은 감정과 감정이 결합해 새로운 지식, 새로운 감정이 탄생한다.

그럴 때, 인간은 무심한 상태로 있는 것이 바람직하다. 한 수학자가 오랫동안 하나의 문제와 씨름했지만 도저히 실마리가 보이지 않았다. 어느 날, 꾸벅꾸벅 졸았다. 그 후 눈을 뜨자 불쑥 수수께끼가 풀렸다고 한다. 이 경우도 의지의 힘이 약해지자 비로소 그때까지 별개였던 생각이 결합되어 문제가 해결된 것이리라.

너무 긴장해서는 안 된다. 사정이야 어떻든 초조해하는 것도 현명하지 않다. 마음을 느긋하게 먹고 자유롭게 놔둬야 한다. 그래야 재미있는 아이디어가 나온다. 방금 전에 말했듯이 몰개성적인 편이 좋다.

생각의 칵테일법은 앞에서 소개했는데, 맛있는 칵테일을 만들려면 바텐더의 주관과 개성이 전면에 드러나는 것은 별로다. 자아를 누르고 좋은 것과 좋은 것이 쉽게 결합할 수 있게 해야 비로소 맛있는 칵테일이 만들어진다.

이 방법을 주로 쓰는 학자가 주관적인 관점을 경계하는 것은 당연한 일이다. 주관이 강해지면 학자의 정신은 촉매재가 아니라 화합의 재료가 된다.

창작에서도 엘리엇처럼 몰개성적인 방법이 좋은 것이라고 말하는 사람이 등장했다. 머릿속에서 새로운 것을 탄생시키려면 창작과 지적인 발견을 불문하고 자아가 억제되지 않으면 안 된다는 점을 이해한 것이다.

요즘 들어 발상이라는 말이 자주 쓰인다. "발상이 재미있네"라고 말한다. 발상의 원천은 개성이다. 그러나 개성 자체가 재미있는지의 여부가 중요한 게 아니라 그것이 결합해 탄생한 것이 재미있느냐 아니냐가 중요하다. 발상의 모체는 촉매로서의 개성이다.

발상의 소재가 일반적으로 널리 잘 알려진 것이거나 진부한 것이어도 지장은 없다. 그런 흔한 소재들이 기대하지도 않은 결합, 화합을 일으켜 새로운 생각을 탄생시킨다. 발상의 묘는 거기에 있다고 해도 과언이 아니다. 발상을 그렇게 중요하게 여기면서도 그 모체 및 작용을 진지하게 궁리한 사람이 없었다는 게 이해가 가지 않는다. 발상이란 화합시키는 것에 묘미가 있다. 원소를 만들어내는 것이 아니라.

앞에서 발효법에 대해 설명했다. 이것만 보면 아무것도 없는 상태에서 술을 빚어내듯이 좋은 아이디어와 발견을 거저 얻을 수 있을 것만 같다. 하지만 촉매의 역할을 알고 난 지금은 발효법도 칵테일법과 거의 다르지 않은, 새로운 결합에 의한 효과라는 사실에 생각이 미칠 것이다.

'재워둔다', '잊는 시간을 갖는다'라는 것도 주관과 개성을 누르고 머릿속에서 자유로운 화합이 일어나는 상태를 준비하는 것이나 다름없다. 대상을 바라볼 때, 무심의 경지가 가장 훌륭하다는 것은 우연이 아니다. 하룻밤 자고 생각하는 것도 단순히 시간을 연장하는 것이 아님을 알 수 있다.

# 아날로지, 뇌를 자극하는
# 즐거운 불협화음

어느 날, 묘한 것이 마음에 걸리기 시작했다.

말은 정지해 있는데 글을 읽으면 의미에 흐름이 생긴다. 독립된 낱말과 낱말이 결합되어 있는 것뿐인데 하나로 연결된 것으로 이해된다. 그 이유가 뭘까, 의문이 들었다.

움직임이 느껴지는 것은 시선이 한곳에 멈추지 않고 흘려보기 때문임이 곧 밝혀졌으나 독립된 낱말이 연속된 의미로 느껴지는 것이 잘 이해가 가지 않았다. 내내 의문으로 남았다.

영어처럼 한 단어, 한 단어가 띄어쓰기되어 있는 말이라면 낱말끼리 독립되어 있음을 더욱 분명하게 알 수 있다. 그런데 우리의 뇌에 든 것은 역시 연속된 말이다. 독립된 낱말은 어느새 사라져버린다. 그 이유가 뭘까?

얼마 동안 이 의문을 재워두었다. 어느 날, 버스에서 내려 교외에 난 길을 걷기 시작했다. 주위에 푸른 보리가 자라고 있던 것이 선명하게 기억난다. 바람을 타고 기타 소리가 들려왔다. 그 순간, 문득 그때까지 이해하지 못했던 의문에 단서를 얻었다.

이것이 앞에서도 말한 힌트이자 촉매다.

기타 소리는 음이 하나하나 끊어진다. 그것을 떨어져서 들으면 마치 연속되어 있는 것처럼 들린다. 앞소리의 울림이 다음 소리에 덧씌워져 끊어진 곳을 메우기 때문이다. 언어도 이와 같지 않을까. 그렇게 생각했다.

독립된 낱말이 나열된 글을 읽으면 왜 이어진 것처럼 느껴지는가? 기타의 끊어진 소리가 연속 되어 들리는 현상이 그 의문을 풀어줄 힌트가 될 것 같았다. 그래서 의문과 힌트, 그 두 가지를 함께 노트에 옮겨 재워두었다.

얼마나 지났을까, 해결의 실마리가 떠올랐다.

관성의 법칙이 떠오른 것이다.

움직이는 물체는 그 운동을 지속하려는 경향이 있다. 그런 경향은 운동하는 물체를 급히 정지시켰을 때 분명히 나타난다. 교통수단을 탄 사람은 차가 급정차하면 몸이 앞으로 쏠린다. 사람의 몸 또한 관성의 법칙에 지배받고 있기 때문이다.

관성의 법칙은 물리학에서 일어나는 현상이지만, 생리학에서도 같은 현상을 볼 수 있다. 눈으로 뭔가를 보면, 그 대상이 사라진 후에도 얼마 동안은 그것을 계속 보고 있는 것 같은 착각이 든다. 잔상작용이다.

이런 시각적 관성을 이용한 것이 영화다. 영화는 정지한 필름의 장면들을 하나하나 연속으로 영사해서 움직임을 느끼게 한다. 장면과 장면 사이에는 아무것도 찍지 않은 공백 부분이 있는데, 영화를 보는 사람은 스크린이 하얘지는 순간을 의식하지 못한다. 앞에 나온 영상의 잔상이 그 공백을 메우기 때문이다.

물리학, 생리학에서 같은 법칙이 인정된다면 심리의 영역에서도 비슷한 일이 일어난다고 상상하는 게 타당하다.

이를 토대로 보면 심리적 잔상이라고 할 만한 현상이 있음을 깨닫는다. A, B, C라는 서로 관계가 있는 사건들이 일정한 간격을 두고 일어났다고 하자. 처음에야 세 가지 사건이 따로따로 일어났다고 느끼겠지만, 머지않아 각 사건 사이에 있는 시간이 지워지면서 같은 것이 연속으로 일어난 듯한 착각이 든다. A의 잔상이 B에 덧씌워지고, B의 잔상이 C에 미쳐서, 점 세 개가 선처럼 보이기 때문이다.

문장의 비연속의 연속화는 그중에서도 생리적인 잔상을 이용해서 만드는 영화와 비슷하다.

단어 하나하나는 영화 필름의 한 장면 한 장면에 상당한다. 낱말과 낱말 사이에 있는 단락, 공백은 그 앞의 낱말이 만들어 낸 잔상들로 빈틈없이 메워져서 의식하지 못한다. 필름을 영사하면 영상이 조각조각 끊어지지 않고 이어져 보이는 것과 같은 논리다.

한편, 또 한 가지 주의하지 않으면 안 되는 것이 있다. 관성이든 잔상이든 언제까지나 계속되지 않는다. 시간이 지나면 소멸된다. 천천히 움직이는 물체에서는 관성이 일어나지 않는다. 영화 필름도 아주 천천히 영사기를 돌리면 화면은 명멸하고, 사이에 낀 공백 부분이 스크린 상에서 하얗게 찍혀 나와 연속감이 무너진다.

언어에서도 흐름과 움직임을 느끼는 것은 일정한 속도로 읽고 있을 경우에 한한다. 난해한 문장, 혹은 사전과 씨름해야 하는 외국어는 부분이 따로따로 놀아서 의미를 이해하기 어렵다. 잔상이 소멸되면서 단락이 연결되지 않기 때문이다.

그런 이해하기 힘든 부분을 과감하게 빨리 읽어보면 도리어 뜻밖에도 술술 이해될 때가 있다. 잔상이 생겨 부분이 전체로 수렴되기 때문이다.

이렇게 문장 속의 말과 언어가 따로 놀면서도 하나로 이어지는 이유가 잔상의 작용이라는 것을 깨닫고 나자 오랫동안 품어왔던 개인적인 의문이 단숨에 해결된 느낌이 들었다. 그래서 문장의 비연속의 연속을 뒷받침하는, 이런 잔상작용을 수사적 현상이라고 이름 붙었다. 문장 상에 일어난 잔상이라는 뜻이다.

수사적 현상의 생각이 탄생할 때까지의 과정을 이토록 자세하게 기술한 이유는 착상을 얻을 때까지의 구체적인 예가 될 것 같아서다.

여기서 볼 수 있는 것은 아날로지다. 문장에서 비연속의 연속이라는 수수께끼를 영화 필름이라는 유사한 현상으로 설명하려고 한다.

둘 사이에 엄밀한 상이성이 있다고는 할 수 없지만, 미지의 문제를 해결하고 싶을 때 아날로지가 굉장히 유용한 방법이 될 수 있다.

아날로지라고 하면 어렵게 느낄 수도 있는데, 중학교 수학을 배운 학생이라면 누구나 할 수 있는 방법이다. 궁금한 것이 있다. X라고 하자. 그때의 주제는 C다.


C : X


이것만 알아서는 X를 풀 수 없다.


A : B

를 찾아낸다. 양자의 상호관계가 대등하다고 하면

$$A : B = C : X$$

가 된다. 이제 X의 값을 구하는 방법을 중학교에서 배운다. 예를 들어보겠다.

$$AX = BC \therefore X = BC / A$$

방금 든 예로 말하자면 문장 안의 말이 끊어지는데도 의미가 연결되고 움직임이 느껴지는 이유가 무엇일까? 이에 대한 답이

$$C : X$$

다. 이것이 영화 필름이 영화로서 보이는 현상과 본질적으로 같다면 직관했을 때,

$$A : B = C : X$$

라는 식이 성립하고 좌변이 잔상을 통해 나온 결과라고 하면,

$$X = BC / A$$

에서 X는 문장상의 잔상작용이 된다.

우리는 일상에서 부담 없이 이 방법을 쓰고 있다. 가령 "그 사람의 행동은 매치 펌프다"라고 말했다고 하자. 매치 펌프란 한편에서는 불을 붙여 부채질하면서 동시에 다른 한편으로는 그 불을 끄려는 행동을 가리킨다. 이 표현을 씀으로써 자세한 설명 없이 실제를 알기 쉽게 전달할 수 있다.

일반적으로 적당한 설명이나 표현이 없을 때, '비유해서 말하면 ~과 같다'라는 형태로 우리는 끊임없이 아날로지를 쓰고 있다. 미지를 해석하는 가장 흔한 방법이라고 할 수 있다.

# 남들과 다른
# '세렌디피티'가 있는가

제2차 세계대전 중 미국에서는 대잠수함 병기의 개발에 힘을 쏟았다. 그러려면 일단 잠수함의 기관음을 포착하는 우수한 음파탐지기를 만들 필요가 있었다.

음파탐지기를 개발하려고 다양한 실험을 하는 동안에 잠수함에서 나지 않는 소리가 들렸다. 그것도 아주 규칙적인 음향이. 이 소리의 정체가 무엇인지 조사해보니 돌고래가 보내는 신호였다.

그전까지 돌고래의 '언어'는 거의 아무것도 알려지지 않았다.

그런데 이 일이 계기가 되어 단숨에 주목을 받는 연구 과제로 떠올랐다.

원래는 병기를 개발하는 것이 목표였다. 그것이 전혀 새로운 발견으로 학자들을 이끌었다. 학계에서 이런 예는 옛날부터 결코 드물지 않았다.

가는 김에 실어다 주고 버는 짐삯처럼 어떤 일을 하다가 탄생한, 생각하지 못한 뜻밖의 발견이나 발명을 과학자들 사이에서는 세렌디피티라고 한다. 특히 미국에서는 일상 회화에도 자주 나올 정도다.

먼 곳에 있는 잠수함의 기관음을 포착하려고 연구하다가 돌고래의 교신음을 포착한 것은 특별히 보기 드문 세렌디피티도, 대서특필해야 예도 아니다. 여기에서는 하나의 예로서 든 것뿐이다. 발견, 발명의 세계에서 세렌디피티에 의해 탄생한 것은 헤아릴 수 없이 많다.

그런데 이 세렌디피티라는 단어의 유래가 조금 특이하다.

18세기 영국 작가 호레이스 월폴이 쓴 〈세렌디프의 세 왕자〉라는 동화가 널리 퍼졌다. 인도의 세 왕자가 보물을 찾아 나섰다가 보물은 찾지 못했지만 우연히 찾아온 행운 때문에 지혜와 용기를 얻는다는 내용이다. 이 동화에서 '우연에 의한 창조'를 뜻하는 '세렌디피티(serendipity)'가 나왔다. 인간이 만든 단어인 셈이다.

그 무렵에는 지금의 스리랑카인 실론을 세렌디브라고 했다. 세렌디피티는 '실론 사람의 섬'이라는 뜻이 된다. 이후 목적했던 것이 아니라 부차적으로 얻은 연구 성과를 세렌디피티라고 부른다.

엄청난 발견이 아니어도 세렌디피티와 같은 현상을 일상생활에서 이따금 경험한다.

책상 위에 물건이 수북이 쌓여 뭔가를 찾고 싶어도 도저히 엄두가 나지 않을 때, 답장을 하지 않으면 안 되는 편지가 떠올랐다. 그 편지가 보이지 않아 여기저기 뒤집어가며 찾았지만 나오지 않았다. 그런데 며칠 전에 찾았지만 도저히 찾지 못해 잃어버린 줄 알았던 만년필이 불쑥 나왔다. 전에도 샅샅이 찾았건만 어찌 된 영문인지 눈에 들어오지 않더니 찾지도 않았는데 느닷없이 나온 것이다. 이것도 세렌디피티의 일종이다.

학생일 경우 다음 날 시험이 있으면 그날 밤에 '공부를 하자'며 의자에 앉는다. 그러자 평소에는 거들떠도 보지 않던 책이 눈에 들어온다. 손을 뻗는다. 책을 펴고 읽기 시작하자 의외로 재미있다. 약간은 일시적인 기분으로 펼친 책이다. 물론 열중해서 읽을 마음은 전혀 없었는데, 좀체 멈출 수가 없다.

그 책이 평소에는 거들떠보지도 않던 딱딱한 철학서라서 더 신기하다. 조금만 읽기로 하고 펴든 책에 빠져들어 20분, 30분 열중해서 읽다가 벼락치기하려던 계획이 크게 틀어진다. 이와 유사한 경험이 한 번도 없는 학생은 거의 없을 것이다.

이것이 계기가 되어 새로운 관심이 싹틀 때도 있다. 그렇다면 훌륭한 세렌디피티다.

아날로지라는 생각법도 세렌디피티와의 관계로 새롭게 유추해볼 수 있다.

문장의 비연속의 연속을 고려하면 사물에는 관성의 법칙이 작용한다는 문제에 주목하게 된다. 이를 통해 마음속에 품고 있는 문제를 해결하려는 것은 변형된 세렌디피티라고 해도 좋다.

비유는 대상 자체를 규명하는 일은 일단 제쳐놓고, 전혀 다른 것과의 관계를 발견하고 유추하는 것이다.

중심적인 관심보다도 오히려 주변적인 관심이 활발하게 작용하는 세렌디피티 현상이다. 시야의 중앙부에 있는 것이 가장 잘 보여야 할 텐데 아이러니하게도 잘 보이지 않을 때가 적지 않다. 이미 앞에서도 인용한 "지켜보는 냄비는 끓지 않는다"는 이를 다른 각도에서 말한 것이다.

고민에 고민을 거듭한 끝에 주제를 정한 뒤 잠시도 쉬지 않는 것은 현명하지 않다. 잠시 재워두고 묵힐 필요가 있다. 이렇게 시간을 들이는 이유도 대상을 끊임없이 직시하는 것이 생각의 자유로운 작용을 방해하는 것을 알고 있는 사람들의 지혜임에 틀림없다.

시야의 중심에 있으면서도 보이지 않을 때가 있는가 하면, 그렇게 잘 보인다고는 할 수 없는 주변부가 오히려 눈길을 끌 때가 있다. 그런 까닭에 중심부에 있는 문제를 해결하지도 못했는데 주변부에 있던 예기치 않았던 문제가 눈에 띄곤 한다.

재워둔다는 것에는 중심부에서는 풀리지 않은 문제를 잠시 열기를 식히기 위해 주변부로 이동한다는 의미가 있다. 그렇게 하면 해결해야 할 과제가 쉽게 세렌디피티를 일으키는 환경에 놓인다. 인간은 의지의 힘만으로 모든 것을 이루기 힘들다. 무의식의 작용에 은혜를 입는 것이 때로는 중요하다. 세렌디피티는 우리에게 그것을 가르쳐준다.

"수업 시간에 교수님께서 머리를 식힐 겸 해주셨던 엉뚱한 이야기가 참 재미있었습니다."

예전에 가르쳤던 학생이 찾아와서 이렇게 말했다. 가르치는 사람으로서 복잡한 심경이 된다. 정작 귀담아 들어야 할 수업은 어떻게 된 것일까. 수업에서 벗어난 이야기 외에는 재미있는 게 없었던 듯이 말하는 것을 듣노라면 기분이 좋지는 않다.

"그게 무슨 과목이었나?"

이렇게 묻자 그는 확실하게 기억하지 못한다고 했다. 그래 놓고 수업과 별 관련이 없는 이야기는 선명하게 기억한다.

대체로 학생은 수업, 강의 내용에는 관심을 갖지 않는다. 세월이 흐르면 잊어버리는 것이 당연하다. 어쩌면 처음부터 머릿속에 집어넣지 않는지도 모른다. 그에 비해 엉뚱한 것에는 의무감이 따르지 않는다. 본래, 주변격인 이야기이기 때문이다. 그것이 인상에 남아 언제까지나 잊지 못하는 것은 교육의 세렌디피티다. 가르치는 사람이라면 수업에서 벗어난 것을 부끄러워할 필요가 없다.

내 경우, 수업에서 벗어난 이야기를 하는 동안에 그때까지 한 번도 생각해보지 않았던 문제가 느닷없이 튀어나와, 잊어버리지 않으려 이야기를 멈추고 서둘러 노트 한구석에 적어 놓을 때도 있다. 늘 그런 것은 아니지만 엉뚱함이 때로는 세렌디피티를 가져다준다.

엉뚱하다고 거부하지 말기를. 우리는 그런 부담 없는 이야기 속에서 스스로도 많은 것을 배우고, 주변 사람들에게도 자극을 준다.

THINK
OUTSIDE
THE BOX
PART 3

# 생각은 옮겨 심어야
# 잘 자란다

THINK
OUTSIDE
THE BOX
01

# 단편적인 정보로는
# 결코 앞설 수 없다

우리의 주변에 있는 모든 현상과 현실은 자연과 인공, 두 가지로 나뉜다. 산이 있고 강이 흐르는 것은 인공이 가미되지 않은 자연이다. 반면에 산에 나무를 심고 강에 둑 보호 공사를 하는 것은 인공이다. 물론 산과 강 자체는 자연이다.

강산을 묘사한 그림이 있다고 하자. 그 안에 아무리 똑같이 강산을 묘사한다 해도 그 그림은 인공이다. 한편, 아름답다는 감정을 불러일으키거나 그것을 목적으로 한 활동을 가리켜 아트라고 한다. 아트는 예술에 국한되지 않는다. 사람의 힘이 더해진 것은 전부 아트라고 불러도 이상하지 않을 것이다.

언어 자체도 인간이 만들어냈다. 그러므로 자연을 설명하는 말도 물론 인공적이다. 자연을 직접 표현한 것은 1차적 정보가 된다.

"○○산은 남쪽 비탈이 모래로 덮여 있다"는 식의 표현은 1차 정보다. 이에 반해, "이 지방의 산은 △△화산대에 속해 있다"와 같은 표현은 2차 정보다. 1차 정보를 토대로 더 추상적으로 표현했다. 이것이 '메타' 정보다. 2차 정보를 근거로 더욱 추상화를 진행하면 3차 정보가 만들어진다. '메타·메타' 정보가 그것이다.

인위적인 정보는 이런 과정을 거치며 승화되어 더 높은 추상적인 의미를 지닌다.

생각과 지식에도 이런 메타화 과정이 진행된다. 가장 구체적이고 즉물적인 생각과 지식은 1차적이다. 그와 종류가 같은 것들을 모아 서로 관련을 지으면 2차적인 생각과 지식이 탄생한다. 이것을 다시 종류가 같은 것들 사이에서 승화시키면 3차적 정보가 탄생한다.

1차적 정보의 대표적인 예로는 뉴스가 있다. 뉴스는 사건이나 사실을 전한다는 점에서 쉽고 재미있게 읽히기는 하지만, 전하고자 하는 메시지가 무엇인지는 명확하게 드러나지 않는다. 생생한 뉴스는 1차 정보의 특성을 고스란히 담고 있다는 특징을 가졌다.

신문의 사회면에도 주로 이런 1차 정보가 게재된다. 이 정보도 발화자가 어떤 메시지를 전달하려고 하는지 의미가 확실하지 않은 대신 해석하지 않아도 그것이 전달하려는 뜻은 쉽게 알 수 있다. 이해하기가 용이하다.

같은 신문에 실렸더라도 사설은 1차 정보의 뉴스를 기초로 정리한 것이라서 메타 뉴스, 즉 2차 정보에 해당한다. 그런데 사회면 기사를 흥미롭게 읽은 사람이 사설에는 눈길을 잘 주지 않는 것을 쉽게 볼 수 있다. 사설은 독자가 적다. 재미가 없어서다. 그 이유는 다른 기사가 대부분 1차 정보인 데 반해 사설은 메타 정보라서 읽는 법이 다르고, 독자가 그 사실을 모르기 때문이다.

1차 정보를 2차 정보로 바꾸는 대표적인 방법으로 다이제스트와 평론이 있다. 다이제스트는 다른 말로 요약이라고도 한다. 세세한 내용은 생략하고 요점을 정리하는 방식이다. 이것은 승화라기보다 압축이라고 해야 할지 모르지만, 이미 정보가 완성된 시점에서 한 발 나아가 인공을 가한다는 점에서는 2차 정보다. '평론'은 '리뷰(review)'에서 유래한 말이다. 문자 그대로 해석하면 '다시 본다'는 뜻이다. 즉, 1차적 정보를 시간을 들여 재고한다는 의미다. 재고는 신문의 뉴스보다 잡지의 평론에서 더 많이 볼 수 있는데, 그래서 월간지 이름에 리뷰, 평론이라는 단어가 많이 쓰인다.

대학의 부속 도서관에서 자주 화제가 되는 것으로 《케미컬 앱스트랙트》라는 영문 잡지가 있다. 화학의 연구 정보를 두루 게재하고 있어 관련 전문가라면 반드시 봐야 할 문헌이라고 한다. 문제는 구독료가 너무 비싸 도서관의 예산을 압박한다는 점이다.

그건 그렇고, 이 잡지에서 '추상적인', '초록', '개요'라는 뜻의 제목 'abstract'에 주목해보자. 제목도 2차적 정보임을 보여준다. 각 연구의 내용을 구체적으로 알려주는 것이 아니라 어떤 연구인지를 추상화해서 기재한 문헌으로, 정보를 정리하여 묶었다고 해서 이런 이름을 붙인 것이다.

말미에 '요약', '축약'이라는 뜻의 '레쥬메(resume)'를 단 논문도 있다. 이것도 2차 정보로 앱스트랙트의 일종이다.

말하자면 논문은 1차적 정보여서는 안 된다. 2차적 정보라도 승화도가 부족하다. 3차적 정보가 필요하다. 글쓰기도 고도의 추상성이 요구된다. 또한 읽고 이해하려면 전문적인 훈련도 필요하다.

우리가 스스로 착안한 사안이라도 단계적으로 추상화를 시켜야 한다. 단편적인 착상 하나하나는 말하자면 1차적 정보다. 이대로는 그렇게 큰 의미를 갖지 못한다. 이것을 다른 착상과 관련지어 정리해서 2차적 정보로 삼아야 한다.

이때 발효, 혼합, 아날로지 등이 작용한다. 이에 관해서는 이미 설명했다. 생각의 틀을 바꾸고 생각을 정리하는 것은 낮은 차원의 생각을 추상이라는 사다리를 올라가며 메타화시키는 것이다. 1차적 차원에만 머물면 아무리 시간이 흘러도 단순한 착상에 그치고 만다.

정리, 추상은 그 수준을 높일수록 고차원적인 생각이 된다. 보편성도 커진다.

"추상의 사다리를 내리라"라고 지시한 것은 일반의미론이다. 오해가 많은 커뮤니케이션을 개선하려면 추상의 사다리를 내려 2차적, 3차적 정보를 1차적 정보로 환원시켜야 한다. 하지만 이것이 문화의 방향과 역행하는 것 또한 사실이다. 인지의 발달은 정보의 메타화와 병행되어왔다. 추상의 사다리를 오르는 것을 두려워했다면 사회의 발달은 있을 수 없었을 것이다.

생각과 지식의 정리라고 하면 중요한 것을 남기고 그렇지 않은 것을 폐기하는 양적인 처리를 상상하기 쉽다. 물론 그런 정리도 있지만, 그것은 오래된 신문이나 잡지를 둘 곳이 마땅하지 않다는 이유로 일부의 필요한 것 이외에 처분하는 것을 의미한다. 즉 물리적이다.

진정한 정리는 그런 것이 아니다. 진정한 정리는 1차적 사고를 더 높은 차원으로 추상화하는 질적인 변화를 말한다. 아무리 많은 지식과 아이디어, 착상을 해도 그것만으로는 2차적 사고로 승화시킬 수 없다. 양을 질로 대신하는 것은 곤란하다.

1차에서 2차, 2차에서 3차로 정리하려면 시간이 걸린다. 재워 두고 화학적인 변화가 일어나기를 기다려야 한다. 그렇게 해서 나온 결과물은 그 이전에 했던 것보다 한층 추상화된 메타사고가 된다.

추상의 사다리를 올라간다는 것은 철학화한다는 뜻이다. 우리 민족은 예로부터 많은 역사 기록을 남겼다. 그런데 흠이라면 역사론, 역사학으로 통합하는 데 없어서는 안 될 중요한 사관이 불분명했다는 점이다. 1차적 역사 정보가 풍부한데도 이것을 메타화하고 2차, 3차의 이론으로 만들려는 시도는 거의 하지 않았다.

아이디어와 착상도 이와 다르지 않다. 착상하거나 구체적인 지식을 얻는 것에는 부족함이 없는데, 이를 정리하고 통합, 추상화해서 하나의 체계로 만드는 예는 극히 드물다.

생각을 정리할 때는 평면적, 양적으로 통합하는 것이 아니라 입체적, 질적으로 통합해야 한다. 이 책에서 착상의 발효 등에 관해 특히 자세하게 설명한 이유도 이 점을 중시했기 때문이다.

생각의 정리, 이를 바꿔 말하면 생각의 순화라고 할 수 있으리라.

# 기억을 믿지 마라,
# 그때그때 스크랩하라

신문을 읽다가 '이것은!' 하고 눈에 번쩍 뜨이는 기사를 발견했다. 나중에 오려 놓자고 생각하면서 다른 기사를 읽는다. 그런데 이 '나중에'는 방심할 수 없는 녀석이다. '나중에'가 끝내 찾아오지 않기 때문이다.

잊어버린 것은 아니다. 기억하고 있다. 다만 바쁜 일에 쫓겨 이틀이나 사흘이 지나버려 문제다. 그러다 불쑥 떠올라 '맞아, 그 기사를 오려야지' 하며 신문을 꺼내 '이쯤에 있었는데……' 하고 지면을 펼쳐 보면 없다. 순간 '어, 이상하다' 하며 당황한다. 이렇게 되면 더는 찾지 못한다. 그러면 석간이었나. 그럴 리가 없다. 분명히 조간이었고 이 페이지였는데 눈을 부릅뜨고 찾아보지만 눈에 띄지 않는다. 초조해진다. 그럴수록 중요한 내용이 쓰여 있던 것만 같다.

아무래도 재미나게 읽은 기사일수록 머릿속에 들어가면 멋대로 변화하는 모양이다. '분명 이런 느낌의 표제인데……' 하고 찾아보지만 눈에 띄지 않는다. 겨우 찾아보면 상상했던 것과는 내용이 다르다.

그래도 찾으면 다행이다. 사나흘 전에 본 기사는 거의 찾지 못할 때가 많다. 구독하는 신문이 하나면 다행이지만 서너 개가 되면 어느 신문이었는지조차 확신하지 못한다. 이처럼 산더미처럼 쌓인 신문들 가운데 원하는 기사를 찾아낼 때는 상당한 평상심이 필요하다. 초조해하거나 서둘러서는 결코 찾을 수 없다.

신문 기사를 오려 놓은 스크랩을 만들려면 먼저 그 자리에서 오리는 것이 가장 안전하다. 식구들이 아직 보지 않아서 신문에 구멍을 내는 것이 내키지 않아 미루면 '나중에'가 된다. 이것이 얼마나 위험한 일인지는 앞에서 말했다.

그 자리에서 오릴 수 없을 때는 빨간색 연필 혹은 형광펜 등으로 필요한 기사에 표시해두자. 이렇게 하면 나중에 바로 알아볼 수 있다.

물론 오릴 때는 손이 닿는 곳에 가위나 칼이 없으면 안 된다. 요즘에는 신문 스크랩 전용 칼도 있어서 밑에 다른 면이 겹쳐 있어도 흠집을 내지 않고 그 부분만 오려낼 수 있다. 이 칼은 만년필과 비슷한 모양을 하고 있어서 몸에 지니고 다닐 수도 있다.

잡지는 신문에 비하면 스크랩하기가 간단하다. 어디론가 흩어져서 사라지는 일이 적기 때문이다. 하지만 잡지도 그 자리에서 필요한 기사를 오려두지 않으면 안 된다. '모처럼 산 잡지를 엉망으로 만들다니, 너무 아깝다.' 이러면 스크랩을 할 수 없다. 아무리 화려하게 잘 만들어진 잡지라도 '이것은!'이라고 눈에 띈 기사는 혼신을 다해 스크랩해야 한다.

스크랩을 해도 그 언저리에 그냥 놔두면 이 또한 금세 어딘가로 자취를 감춘다. 반드시 보존하기 위한 조치를 취하지 않으면 안 된다. 스크랩을 정리하는 방법으로는 스크랩북에 붙이는 것과 봉투에 구분해서 넣는 것, 두 가지가 있다.

스크랩북에 붙이는 방법은, 주제가 그렇게 세분화지 않을 때, 혹은 특정한 주제를 스크랩할 때 좋다. 가령 자신이 하는 일에 대한 기사만을 스크랩할 때는 한 권만 준비하면 된다. 그리고 날짜 순서로 오려낸 기사를 붙인다.

말할 것도 없이 기사를 오려 스크랩할 때는 반드시 게재된 신문, 날짜, 잡지명, 월호를 기입해야 한다. 이를 게을리 해서는 안 된다. 이것을 빼먹으면 훗날 힘들게 스크랩한 기사의 가치가 절반으로 떨어지기도 한다. 스크랩할 때 일일이 기입하는 것이 귀찮다고 적당히 줄여서 표기하면 당장은 무슨 의미인지 알아도

5년이 지나고 10년이 지나면 무슨 말을 써놓은 것인지 모른다. 그러므로 반드시 정확하게 써두는 습관을 들이자. 평소 스크랩을 즐겨 하는 사람이라면 신문지를 댈 고무판과 날짜 스탬프를 마련하는 편이 좋다.

한편, 여러 문제가 얽혀 있는 기사는 스크랩북을 쓰기가 불편하다. 스크랩북이 여러 권 필요하기 때문만이 아니다. 일단 기사를 붙여두면 떼어내기가 어렵다. 전에 오려둔 기사와 새로운 기사가 밀접하게 관련되어 있어서 같이 보관하고 싶어도 그렇게 하기가 어렵다.

처음에 스크랩할 기사가 꽤 나올 것 같아 스크랩북을 따로 마련했는데 관련 기사들이 모이지 않아 빈 공간으로 남아 있는 것도 그리 달갑지 않다.

그에 비하면 봉투 방식은 용도가 다양해서 쓰기에 편리하다. 문제별로 큼직한 봉투를 마련한 뒤, 오려낸 기사를 각각 해당하는 곳에 집어넣으면 된다. 성가시지 않아서 좋다. 한가할 때 안에서 기사를 꺼내 관계가 깊은 것끼리 클립으로 묶어 놓으면 이용가치가 더욱 높아진다.

다만 봉투 방식은 간편해서 좋으나 잃어버리기 쉽다는 단점이 있다. 주머니에서 넣었다 꺼낼 때 작은 기사가 떨어질 위험이 있다. 그런 걱정을 하지 않으려면 작은 신문 기사를 큼직한 판지에 붙여 놓도록 한다.

이번에 알려줄 것은 스크랩북과 봉투에 모두 적용할 수 있다. A 항목과 B 항목 모두에 관련 있는 기사를 어느 한쪽에 대충 넣으면 나중에 엉뚱한 곳에서 찾고 만다. 두 가지 이상의 항목에 관련된 기사는 가능하면 복사해서 각각의 항목에 넣어두도록 하자. 그래야 안심할 수 있다. 복사할 수가 없으면 종이를 작게 오려, 거기에 표제만이라도 써서 스크랩은 ○○항에 있다는 식으로 서로 참조할 수 있게 해놓아야 한다.

봉투 안에 기사가 가득 차면 그 주제에 관한 자료가 충분히 모였다는 증거다. 봉투가 가득 차면 그것을 정리해서 책으로 엮는 열정적인 학구파도 있다. 오랜 세월에 걸쳐 쌓이고 쌓인 다양한 분야의 기사다. 벼락공부로는 도저히 기대할 수 없는 심오한 지식을 얻을 수 있다.

책에서는 필요한 부분만 오려낼 수가 없다. 대신에 요즘에는 복사를 할 수 있으므로 읽는 동안에 표시를 해두고, 다 읽으면 표시한 부분만 복사해서 스크랩하는 방법이 있다.

잡지도 학술적·기록적 가치가 높은 것은 잡지 그대로 보존해두는 방식을 선호하기 때문에 스크랩하기가 어렵다. 이 경우에도 역시 복사해서 스크랩하면 된다.

옛날에 잡지 편집자로 일할 때, 나는 집필자에게 교정이 끝난 원고를 잡지와 함께 보냈다. 그것을 받은 작가들은 매우 기뻐했다. 잡지를 훼손하지 않고 자신이 쓴 글도 보존할 수 있기 때문이다. 그때는 지금만큼 복사가 보급되지 않았다.

책 안에 있는 중요한 내용을 나중에 편리하게 이용하려면 복사해서 스크랩하는 것 외에도, 속표지 여백에 관심이 있는 토픽을 쓰고 페이지를 표시하는 방법이 있다. 그러면 나중에 찾을 때 굉장히 편리하다.

또한 책에 어떤 정보가 있는지 카드에 적고 앞에서 소개한 봉투에 넣어 놓거나 스크랩북에 붙여 놓는 방법도 있다. 읽은 내용을 잊지 않고 싶다면 이 방법을 추천한다.

스크랩도 시간이 흐르면 쓸모가 없는 것이 생긴다. 무엇이든 다 갖고 있다고 좋은 것은 아니다. 너무 많이 쌓아 놓고 있으면 전체의 이용가치가 떨어진다. 때로는 신중하게 정리, 즉 폐기할 기사를 추리지 않으면 안 된다.

군살을 빼지 않으면 움직임이 둔해지는 것은 사람의 몸과 같다.

# 아이디어를 살찌우는
# 노트와 카드 활용법

어떤 사안을 조사하거나 뭔가를 알고 싶어 할 때, 우선 그에 관한 지식을 모으지 않으면 안 된다.

요즘에는 백과사전이 보급되어 있다. 대개는 백과사전에 나오므로, 거기에서 대강의 개념을 얻는다. 자세한 지식이 필요하지 않을 때, 혹은 어떤 지식이나 정보가 급히 필요할 때는 백과사전을 보는 게 더 불편할 때가 있다. 서둘러 요령을 배우고 싶다면 같은 백과사전이라도 간략하게 설명된 쪽이 편리하다.

반대로 본격적으로 조사하고자 한다면 백과사전은 입구에

불과하다. 항목의 말미에 참고문헌을 올려 놓는 사전이 많은데, 이때는 그런 책에서 지식을 수집해야 한다.

지식을 모을 때는 계통적 수집이 중요하다. 재미있어 보인다고 아무거나 모으면 단편적이고 잡다한 지식만 산처럼 쌓인다. 조사하기 전보다 머릿속이 혼란스러워지는 경우마저 있다.

조사할 때는 일단 무엇을 조사할지, 그리고 그 목적이 무엇인지를 확실히 정하고 나서 정보 수집에 나서야 한다. 조급한 마음에 책을 읽어보자는 태도로 조사에 나서면 모처럼 얻은 지식도 별 도움이 되지 않는다.

무언가를 조사하려는 사람은 아무래도 욕심쟁이가 되는 것 같다. 무엇이든 자기 것으로 만들려는 경향이 있다. 이래서는 오히려 모은 지식의 이용가치를 떨어뜨릴 뿐이다. 대상 범위를 명확히 하고, 아무것에나 눈길을 주지 않아야 한다. 그런데 이것을 실행하기가 참 어렵다.

즉, 조사에 들어가기에 앞서 골똘히 고민하는 시간을 갖지 않으면 안 된다. 충분한 준비도 없이 갑작스럽게 책을 읽기 시작하면 도중에 계획을 다시 검토해야 하는 상황에 빠지기도 한다.

조사할 때 정보를 수집하는 방법으로는 일반적으로 카드를 활용하는 방법과 노트를 활용하는 방법, 두 가지가 있다. 두 가지 방법 모두 잘 알려져 있는데, 실제로 따라 하기가 쉽지 않다는 것을 아는 사람은 별로 없다.

먼저 카드법을 소개한다. 요즘에는 정보를 수집할 때 쓰는 카드가 다양하게 판매되고 있다. 그것을 사는 것도 한 방법이겠지만 도중에 카드가 바뀌거나 하면 찝찝하다. 그렇다고 바뀔까 봐 미리 잔뜩 사다 놓는 것도 이상하다. 그래서 특별히 시판되는 카드를 고집할 필요 없이 본인이 쓰기 편리한 스타일을 고려해 자체 제작하는 것도 추천한다. 재미있을 것이다.

자체 제작이라 해도 주문 제작해서 만드는 것부터 필요 없는 용지를 오려 만드는 것까지 그 방법은 천차만별이다. 어떤 것을 쓰더라도 이런 외적인 면에 너무 집착하지 않는 것이 중요하다. 카드의 형식 등에 까다로운 사람이 의외로 카드를 잘 이용하지 못하는 경우가 적지 않다.

카드라고 하면 비싼 제품을 써야 하나 고민하기도 하는데, 종이를 자른 것이어도 상관없다. 다만 크기가 가지런하지 않으면 나중에 관리하기가 불편하니 크기는 통일하는 것이 좋다.

이제 카드를 준비하고 읽고 싶은 책을 읽자. 그리고 '이것은!' 하고 눈이 번쩍 뜨이는 부분을 발견하면 카드에 적는다. 쓰는 방법도 다양하다. 먼저 해당 부분을 그대로 베끼는 방법이 있다. 너무 길어 시간이 걸릴 것 같으면 핵심 부분만 적어도 된다. 그러면 시간을 많이 잡아먹지 않을 것이다. 어쨌든 노트나 카드에 필기하면서 책을 읽으면 조금도 진도가 나가지 않는다.

특히 책의 첫 부분을 읽다 보면 글을 전부 카드에 적고 싶은 기분이 든다. 사전에는 아는 지식의 양이 적은 만큼 카드를 잔뜩 만든다. 하지만 카드가 너무 많은 것은 그만큼 아는 것이 없다는 뜻으로, 자랑이 아니다.

한편, 카드에 반드시 적지 않으면 안 되는 것이 두 개가 있다. 하나는 출전이다. 어떤 책의 몇 페이지부터 몇 페이지에 이 글이 있다는 것을 명기해두지 않으면 카드에 가치가 없다고 봐도 좋다. 책 한 권당 몇 십 장, 몇 백 장의 카드를 쓰는데 일일이 서명을 넣어야 하느냐는 사람이 있다. 물론이다. 이게 없으면 실이 끊어진 연이나 다름없다. 줄여서 써도 좋지만 그러면 무엇을 쓴 것인지 알지 못할 수 있으니 주의해야 한다.

또 하나는 첫머리에 표제를 다는 것이다. 내용을 간결하고 명확하게 제시하는 표제를 다는 것은 매우 중요하다. 서두르다 표제를 대충 달아 놓으면 나중에 쓰지 못할 수 있으므로 표제에 신경 써야 한다. 익숙해지지 않으면 제대로 따라 하기가 힘들다. 익숙함이 일의 성패를 좌우한다. 간추리지 못하겠으면 A 혹은 B로, 두 가지 안의 표제를 병기해두는 것도 하나의 방법이다. 어느 쪽이든 표제가 달리지 않은 카드는 어두컴컴한 밤에 양산을 쓰는 것이나 다름없다.

카드 방식의 아쉬운 점이라면 카드의 보관과 정리가 힘들다는 것이다. 자칫하면 기껏 시간을 들여 만든 카드를 분실할 우려가 있다. 따로따로 떨어져 있어서 없어져도 알아차리기 힘들다. 그 대신 배열을 마음대로 바꿀 수 있어서 편리하기는 하다.

카드가 늘어나면 정리할 카드 상자가 필요하다. 한 곳에 모아놓지 않으면 분실하기 십상이다. 상자 안에 항목에 따라 분류해두면 나중에 쉽게 참조할 수 있다.

이어서 노트를 쓰는 방법을 알아보자. 이것은 카드시스템보다 오래전부터 쓰던 방식이다. 독서노트처럼 특별한 주제를 갖지 않고 뭔가 재미있는 내용, 혹은 나중에 유용하게 쓰일 듯한 내용을 발췌하는 노트도 있다. 또 논문 작성을 준비하며 쓰는 노트처럼 주제와 관련된 것만 적는 노트도 있다.

카드를 쓸 때도 언급했는데 노트에도 너무 많은 글을 쓰지 않게 조심해야 한다. 그렇지 않으면 노트 쌓여가는 모습에만 만족하는 결과에 이를 수 있다. 세세한 것까지 노트에 적으면 바로 뒤에 그보다 더 중요해 보이는 것이 등장한다. '이건 놓치면 안 돼' 하고 공책에 적으면 그 후에 더 중요한 지식이 나온다. 이것도 무시할 수 없다. 그렇게 하다 보면 머지않아 책을 모조리 베껴 쓸지도 모른다.

이런 바보 같은 짓을 피하려면 앉은 자리에서 바로 공책에 적지 않고 일단 책을 읽는다. 가령 앞의 두 페이지를 먼저 읽었다고 하자. 이후 다시 생각해보고 중요하다 싶은 부분만 발췌한다. 혹은 1장이라면 1장, 1절이라면 1절의, 내용을 구별하기 좋은 지점까지 읽고 다시 앞으로 돌아가 중요하다 싶은 부분만 골라 노트에 적으면 책을 전부 베끼는 어리석음을 피할 수 있다. 단, 그러면 세부를 보지 못하고 지나칠 위험이 있다.

빌린 책은 논외지만, 자신의 책이라면 읽을 때 연필로 표시하면서 읽는 방법도 좋다. 혹은 붉은색, 파란색, 노란색 등의 사인 펜을 준비해서 자신의 생각과 일치하는 글은 파란 줄, 반대인 것은 붉은 줄, 새로운 지식을 제공하는 부분은 노란 줄을 그으면 언뜻 보기에 그 부분이 어떤 성격인지 알기 쉽다. 하지만 이 방법은 자신의 책이고, 게다가 그 책이 책으로서의 가치를 희생해도 좋다고 결심했을 때만이 실행할 수 있다.

도서관에서 빌린 책에 선을 긋는 것은 나중에 그 책을 대여할 이용자의 독서를 방해하는 행위다. 그러므로 절대 느낀 바를 적거나 선을 그어서는 안 된다. 이를 지키지 못하는 사람은 양심이 결여되어 있다고 봐야 한다.

노트에서 항목을 하나씩 기재할 때도 카드와 마찬가지로 표제가 반드시 필요하다. 다만 노트의 경우는 항목의 순서가 하나하나 고정되어 있어서 배열을 바꿀 수 없다.

노트의 이용가치를 높이려면 표제를 정리해 색인을 해두면 좋다. 그러면 어느 것과 어느 것이 서로 관계가 있는지 한눈에 알 수 있다.

# 메모를 하되,
# 메모에 매달리지 마라

뭔가를 조사할 때, 책을 읽고 카드나 노트에 자료를 적는 것은 지금은 가장 정통적인 방법이다. 하지만 모든 사람이 그렇게 하지는 않는다. 또한 그렇게 하지 않는다고 지식이 정리되지 않는 것도 아니다.

앞에서도 말했듯이 카드든 노트든 일일이 손으로 적지 않으면 안 된다. 시간도 걸리고 기껏 적어둔 것이 전부 나중에 쓰일 리도 없다. 한참 뒤에 도움이 되는 경우가 있지만 그것은 우연의 지배를 받는다. 또한 반드시 유용하게 쓰이리라 단언할 수도 없다. 자칫하면 그런 노트가 있었다는 사실조차 잊어버린다.

카드든 노트든 만드는 것도 쉽지 않은데 작성한 후에도 해야 할 일이 잔뜩 있다. 관리를 잘못하면 공연히 산더미 같은 '자료'를 끌어안고 만다.

누구에게나 본인의 성격에 맞는 것이 있고 맞지 않는 것이 있다. 다른 사람에게 아무리 효율적인 방법이어도 본인이 막상 해보면 잘 맞지 않는 방법이 있다. 자료 수집에만 국한되는 것은 아니지만.

카드와 노트를 쓰지 않고 다른 방법으로 지식을 수집해, 이것을 엮어 논문으로 만드는 데 많이 활용하는 것이 앞으로 소개하려는, 싸우지 않고 책략으로 이기는 독서법이다. 그야말로 모험이 없으면 얻는 것도 없다는 것을 실감할 수 있는 방법이다.

먼저 주제와 관련이 있는 참고문헌을 모은다. 모을 수 있는 만큼 모을 때까지 읽지 않고 그대로 둔다. 더 이상은 모으기 힘들다 싶은 지점까지 자료가 모이면 이것을 책상 옆에 쌓아올린다. 메모 정도는 써도 되지만 노트나 카드는 적지 않는다.

'그러면 잊어버리지 않을까?' 하고 걱정하는 사람은 카드 또는 노트의 신봉자다. 그런 사람은 모험이 없으면 얻는 것도 없다는 이 방법을 따라하지 마라. 따라해봤자 제대로 해낼 리 없다.

이 방법에서는 모든 것이 머릿속에 기록된다. 물론 잊어버린다. 단, 노트에 적거나 카드를 만들고 나서처럼 말끔히 잊히지 않는다. 참 신기하다.

아무래도 기록을 남겨두었다는 안심이 망각을 촉진하는 듯하다. 한 학자가 자신을 찾아온 후배 대학생에게 교수가 하는 말을 다 받아 적는 것은 어리석다고 일러주었다. 요즘 대학에서는 노트에 필기하는 학생이 없지만, 예전에는 강의를 들을 때 한 자 한 자 노트에 받아 적는 것이 상식이었다. 교수도 필기하기 편하게 한 자, 한 자, 천천히 강의했다.

그런 시대에도 그 학자는 노트에 전부 필기하는 것이 머리에 잘 들어오지 않는다는 사실을 꿰뚫어본 듯하다. 중요한 숫자 외에는 꼭 알아야 하는 요점만 노트에 기입하자. 그 편이 훨씬 인상에 오래 남는다.

필기하면 거기에 정신이 팔려 내용에 소홀해지기 십상이다. 그러고 보니 예전에 강연을 들으러 온 여학생들이 앞 다투어 메모하던 장면이 떠오른다. 모두가 고개를 숙이고 어두침침한 곳에서 연필과 펜을 바쁘게 놀렸다. 노트 신봉파였다. 하지만 그 메모를 나중에 다시 읽을 리 만무다. 그런데도 필기하느라 강의의 흐름을 놓치고 결과적으로 강의와 필기, 둘 다 망치고 만다. 강연을 들으면서 메모하는 것은 현명하지 않다.

그렇게 하라고 누가 언제 가르쳐준 것인지는 모르겠다. 문득 깨닫고 보니, 메모에 열을 올리는 청중, 특히 여학생들은 자취를 감췄다. 어느새 변화가 일어난 것이다. 단, 강연 주최자 측에는 여전히 노트 신봉파가 있어서, "오늘은 열심히 메모하는 사람도 드문드문 보였다"라고 말하며 기뻐한다. 신문에도 그런 기사가 이따금 눈에 띈다.

귀를 기울이고 들어야 강의가 머릿속에 잘 들어온다.

또 하나는 관심이 모든 것을 말해준다. 메모와 노트를 적지 않아도 관심이 있는 내용은 그렇게 간단히 잊히지 않는다. 잊었다는 것은 무엇보다도 관심이 없다는 증거다. 알고 싶은 마음이 강하면 머릿속의 노트에 적어 놓아도 잘 지워지지 않는다. 자신을 믿지 않으면 뇌는 너무나 가엾다. 모험이 없으면 얻는 것도 없다고 믿는 사람은 이런 식으로 생각하는 법이다.

가령 관련 문헌이 열 권 있다고 한다. 이것을 한 권 한 권 읽어 간다. 세 권 째 읽으면 슬슬 중복되는 내용이 나온다. 그러면 그것을 상식화된 사안 혹은 정설이라고 짐작한다. 전에 읽은 책과 다른 사상이나 지식이 나오면 학설이 갈린다는 사실을 알 수 있다.

처음에 읽은 한 권이 가장 시간을 잡아먹는다. 따라서 먼저 표준이 되는 책부터 읽는다. 같은 문제에 관련된 책을 많이 읽으면 시간이 지날수록 읽지 않아도 아는 부분이 늘어난다. 처음 한 권을 읽는 데 사흘이 걸렸다고 열 권에 한 달이 걸린다고 계산하는 것은 맞지 않다.

많은 지식과 사실이 머릿속에서 소용돌이칠 때, 그것을 정리하는 것은 기대만큼 재미있지는 않다. 정리되기를 싫어하는 식견이 많기 때문이다. 하지만 노트도 카드도 아닌, 머릿속의 노트에 적어 놓은 글이 뒤이어 들어오는 글에 떠밀려 지워지기 전에 정리를 끝내지 않으면 안 된다.

이 방식은 쌓아 놓은 책을 독파하는 것이므로 '쌓아두는 법'이라고 불러도 좋다. 보통 쌓아둔다는 것은 책을 층층이 쌓아두기만 하고 읽지 않는 것을 의미한다. 그러나 쌓아두는 법은 문자 그대로 쌓고, 그리고 나서 읽는 공부법이다. 이 방법은 매우 효과적이다. 그래서 옛날 사람들이 이 방법을 많이 사용했으리라고 나는 상상한다.

자신의 두뇌를 노트로, 카드로 삼아 거기에 적어 놓은 것을 필요에 맞게 꺼내는 것은 기억력이 좋지 않으면 안 된다. 그러고 보면 옛날 학자들 중에는 박람강기(博覽强記), 즉 여러 가지 책을 읽고 잘 기억한 사람이 많았던 것이 이상하지 않다.

당시에는 책이 귀했다. 참고문헌, 참고용 사전류도 없는 시대에 지식을 얻으려고 한다면 기억을 더듬을 수밖에 없었다. 그러다 책이 늘어나고, 잊어버린 것을 바로 기억나게 해주는 수단이 생기면서 우리는 잘 잊게 되었다. 요즘에는 박람강기로 일컬어지는 사람이 드물다. 그런 말을 들었다고 해서 명예도 아니다.

하지만 박람강기는 지식의 정리에 큰 도움이 된다. 쌓아두는 법은 집중독서, 집중기억에 따라 단기간에 어떤 문제에 '박람강기형 인간'이 되게 한다.

다만 그 지식을 당장 기록해두지 않으면 외운 내용이 사라진다. 그리고 논문이나 원고로 작성해놓으면 안심하고 잊힌다. 언제까지나 거기에 매달리는 것은 뒤에 얻을 지식의 습득, 다음에 이어질 공부에 방해가 된다. 하지만 아무리 잊으려고 해도 몇 가지는 영원히 남는다.

왜냐하면 그것이 그 사람의 심층에 자리한 흥미, 관심과 연결되기 때문이다. 잊어도 좋다고 했음에도 잊히지 않은 식견은 자신만의 지적 개성을 형성한다. 쌓아두는 법을 이용해 공부하는 사람들 중에 스타일이 확고한 지식인이 많은 것은 우연이 아니다. 언뜻 보기에는 게을러 보이지만 쌓아두는 법은 고전적인 동시에 현대적이기도 하다. 우리가 특별히 의식하지 않고 하는 공부법 중에는 이처럼 쌓아두는 법을 변형시킨 것이 많다.

THINK
OUTSIDE
THE BOX
05

# 언제 어디서라도
# 수첩과 노트를 준비하라

뭔가가 떠올랐다면 그것을 재워두지 않으면 안 된다. 잠시 머릿속의 한구석에 밀어 넣는 방법도 있지만 어쩌면 쓸데없는 지식과 함께 그대로 날아가버릴 수 있다. 그렇게 되면 기껏 떠오른 아이디어가 아깝다. 잊어버리지 않게 한동안 재워두기로 한다. 하지만 나도 모르게 자꾸만 들춰보는 바람에 재워둘 작정이었지만 재워두지 못하고 실패한다. 그러고는 잊어버리지 않을 다른 묘수를 찾는다.

왜 이런 일이 벌어지느냐 하면 안심하지 못하기 때문이다. 재우는 동안에는 잠시 잊어야 하는데, 그 사이에 완전히 잊을까 안심하지 못하는 것이다. 그래도 영원히 기억하려면 재워두고 얼마 동안 잊어야 한다. 하지만 완전히 잊어버려도 곤란하다. 잊되 잊지 않으려면 어떻게 해야 할까. 그것이 문제다. 절대 잊지 말라고 하는 것보다 어려운 주문이다.

해결책이 없는 것은 아니다. 기록하면 된다.

적어 놓았다고 하면 그것만으로 안심이 된다. 그러고 나면 잠시 머릿속에서 지워져버린다. 하지만 기록을 보면 언제든 기억해낼 수 있다. 떠올린 아이디어를 머릿속이 아니라 종이 위에 재우는 것이다.

또 하나, 기록이 필요한 경우도 있다. 재워두는 것보다 일단은 붙잡아 놓는 것이 급선무일 때다. 불쑥 떠오른 것은 불쑥 사라진다. 일단 사라지면 아무리 떠올리려고 해도 두 번 다시 기억나지 않는다.

뭔가가 떠올랐다면 그 자리에서 당장 적자. 그때 그렇게 대수롭지 않다고 했던 아이디어가 나중에 엄청난 가치를 지닐지도 모른다. 적어 놓지 않아서 기껏 떠올린 묘안이 영원히 어둠속에 묻힌다면 참으로 안타까운 일이 아닌가. 그리고 꼭 책상에 앉아 있을 때만 좋은 생각이 떠오른다고 할 수 없다.

앞에서 구양수의 '삼상'을 소개했다. 그중 말 위는 지금으로 말하자면 버스나 전철 안이다. 이부자리 위는 잠자리에서고, 마지막은 화장실 안이다. 언급된 장소 모두 좋은 생각이 나오지 않을 것 같다. 그런데 꼭 그런 장소에서 있을 때면 머리를 쥐어짜도 나오지 않던 기발한 힌트가 번쩍 떠오른다.

화장실에 들어가면 힌트를 얻어도 아무것도 할 수가 없다. 화장실을 나가면 메모하자고, 그렇게 다짐하고 볼일을 보고 나오면 화장실 물이 씻겨 내려가듯 모든 것이 씻겨 내려가서 기껏 떠올린 힌트를 말끔히 잊어버릴지도 모른다.

그 자리에서 메모하는 습관을 들이지 않으면 아이디어를 놓쳐버릴지도 모른다. 차 안에서도, 잠자리 안에서도, 화장실에서도 손이 닿는 곳에 메모할 수 있는 것을 놓아두자. 여차하는 순간에 바로 적을 수 있게 준비하자는 말이다.

머리맡에는 큼직한 종이와 펜을 두고 잔다. 한밤중에 불쑥 떠오른 착상에 눈이 떠지면 전등을 켤 수 없으니 손을 더듬거리며 종이와 펜을 찾아 그 내용을 적어둔다. 아침에 보면 글자가 어지러이 씌어 있을 것이다. 겹친 데가 있을지도 모른다. 그래도 내용을 충분히 짐작할 수 있는 단서가 된다.

가우스나 헬름홀츠와 같은 사람이라면 눈을 뜨고 나서 묘안이 뭉게구름처럼 피어오른 아침이 있을 것이다. 그럴 때 일어나서 쓰려고 하면 절반은 안개처럼 사라져버린다. 하지만 머리맡에 종이와 펜이 있으면 얼마든지 적어둘 수 있다. 그런 아침은 뛰는 가슴을 진정시키느라 애를 써야 할 것이다.

가장 간편한 방법은 수첩을 가지고 다니는 것이다. 평범한 수첩이면 된다. 단, 하루란을 전부 착상, 힌트를 적는 것에만 쓴다. 물론 날짜도 줄도 무시한다. 공간을 절약하지 않으면 안 되므로 가는 글씨로 요점만 간결하게 적는다. 한 항이 끝나면 선을 그어 구분한다. 한 페이지 안에 머릿속에 떠오른 것을 제법 많이 쓸 수 있다.

하는 김에 맨 앞에 번호를 순서대로 붙이면 나중에 참조할 때 편리하다. 날짜도 넣어두면 언제 쓴 것인지 알 수 있다. 113페이지 그림처럼 말이다.

잊어버리지 않게 칸 바깥에 인덱스 같은 것을 붙여두면 나중에 찾을 때 도움이 된다. 처음에는 귀찮지만 익숙해지면 반사적으로 수첩을 꺼내 적는다.

이 수첩 안의 아이디어는 잠시 쉬게 하자. 얼마 동안 재워두는 것이다. 그리고 어느 정도 시간이 흐르고 나서 다시 들춰보자. 그러면 다시없을 아이디어라고 기대해서 그렇게 기를 쓰고 적어 놓았건만 아침 햇살을 받은 반딧불이의 빛처럼 초라해 보일 때가 있다.

즉, 재워두는 사이에 숨이 끊어진 것이다. 그렇게 되면 주저하지 말고 버리자. 재워두는 사이에 살이 붙지 않은 것은 인연이 없는 것이다.

다시 봐도 여전히 재미있게 느껴지는 것은 맥락이 있다. 그런

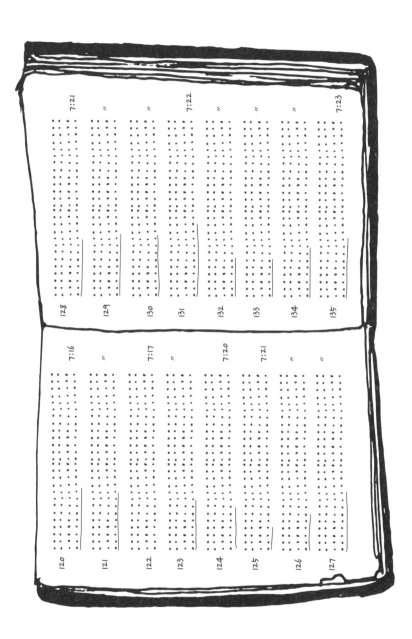

것은 그대로 두지 말고 다른 곳에 조금 더 잠자리가 편한 곳에 재워둔다.

다른 노트를 준비한다. 수첩 안에서 한숨 자던 아이디어들 중에 아직 맥락이 있는 것을 이 노트에 옮긴다. 너무 저렴하지 않은 노트를 쓰는 것이 좋다. 나는 한 영문 일기장을 이용한다. 줄과 날짜와 칸 밖에 영어 속담이 인쇄되어 있는 일기장이다. 이것을 수첩과 마찬가지로 모조리 무시하고 생각을 소중히 보존하는 곳으로 한다. 115페이지 그림을 참조하라. 먼저 A에는 무엇에 관한 것인지 인덱스를 적는다. 그 다음에 수첩에 있던 것을 조목별로 적어 놓는다. 이것이 B다. 수첩에는 요점이 세 개 정도밖에 없었는데 정리하고 났더니 다섯 가지나 여섯 가지로 불어났다면 재우는 사이에 생각에 살이 붙었다는 증거다.

C는 노트에 옮긴 날짜다. D는 수첩에 적은 번호다. E에는 관련이 있는 신문과 잡지에서 오린 기사가 있으면 붙여둔다.

이런 노트를 만들어 수첩 안에서 썩거나 죽지 않은 아이디어를 옮겨 다시 재워둔다. 발효해서 생각이 저절로 찾아오면 그에 따라 생각을 정리한다. 기회가 있으면 글을 작성한다.

무엇이든 좋으니 자유롭게 써달라는 원고를 청탁받았다고 하자. 이 노트를 훌훌 넘겨본다. 인덱스를 보다 뭔가 움직이는 듯한 것이 있으면 그 페이지를 유심히 본다. 그리고 뭔가 쓸 수 있을 듯하다면 그것을 소재로 한다.

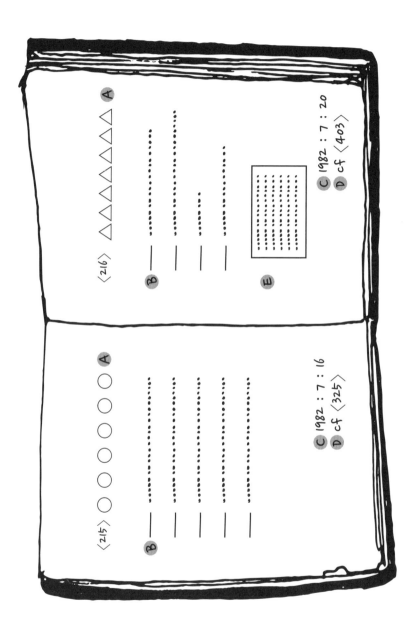

이미 상당한 시간을 재운, 오래 품은 소재라서 착상처럼 바로 썩어버리거나 수명이 짧지도 않다. 이미 한 번은 걸러낸 것이고 자신의 머릿속 관문을 통과한 것이라서 남들의 머릿속 관문도 통과할 가능성이 그만큼 크다고 믿어도 좋다.

이렇게 해서 글로 써서 발표한 것은 페이지의 모서리가 있는 데까지 실선을 두 줄 긋는다. 강연 등의 재료로 썼을 때는 같은 곳에 실선을 한 줄 긋는다. 그리고 페이지 아랫자락에 같은 붉은색으로 발표 장소와 날짜를 기록한다. 이것으로 이 생각의 일생은 끝났다.

# 내가 메타노트를
# 거르지 않는 이유

이렇게 해서 노트를 만들었다.

그런데 노트에 기입한 것들 중에는 빨리 썩는 것도 있고 시간이 지남에 따라 점점 흥미로워지는 것도 있다.

이것을 한자리에 놓는 것은 좋지 않다. 맥락이 있어 보이는 것은 다른 곳으로 옮기자. 노트 안에서 본래의 콘텍스트, 즉 전후 관계가 생성된 것들이 주제가 될 후보 하나하나에 자연스럽게 영향을 미치기 때문이다. 때로는 새로운 전개를 가로막을 때도 있다.

인간도 콘텍스트로 자기를 규정한다. 주위와의 관계로 자신의 역할을 명확히 한다. 어느 그룹에 속하면 언젠가 그 그룹의 일원으로 일하게 되고, 무의식중에 자신을 얽어매는 일이 적지 않다.

A 학교에 다닐 때 조금도 눈에 띄지 않았던 학생이 B 학교로 전학 가자마자 다른 사람이 된 것처럼 눈부시게 성장하는 경우가 있다. 물론 그 반대도 없는 것은 아니다. 이렇게 콘텍스트를 바꿔보면 새로운 싹이 나오니 참 재미있다.

요양법의 하나로 일정 기간 다른 장소로 이동하는 전지요법이 있다. 기후 풍토가 다른 곳으로 옮김으로써 병세가 가벼워지는 예가 많이 있었다. 그래서 이런 방법을 쓰는 것이다. '어디에 있더라도 같지 않은가' 싶겠지만, 토지가 가진 공기, 그리고 생리적인 콘텍스트가 바뀌면 우리의 생체는 크게 달라진다. 그래서 전지, 즉 장소를 옮기는 것이 약과는 다른 효과를 거두기도 한다.

식물 중에도 한 곳에서 키우면 잘 발육하지 않는 종류가 있다. 대표적으로 벼가 여기에 해당된다. 그래서 모종을 옮겨 심는다. 그러면 전과 달리 쑥쑥 자란다. 직접 심으면 잘 자라지 않으니 이런 수고가 필요했을 것이다.

여러해살이 식물이라도 잘 자라지 않았던 나무가 옮겨 심자 몰라볼 정도로 쑥쑥 자랄 때가 있다. 식물도 콘텍스트 안에 살아서 거기에 '익숙해지는' 경우에는 성장이 빠르고 그와 맞지 않을 경우에는 발육이 좋지 않다.

원예가는 그런 사정을 잘 이해하고, 적절한 곳에 적절한 식물을 심는다. 그런 소양이 없는 초심자는 종종 실패한다.

머릿속에 싹튼 생각의 수명도 콘텍스트와 관련이 깊다. 콘텍스트를 바꿈으로써 새로운 생명의 전개를 기대할 수 있다. 지금까지 말해온, 재우는 시간을 주라고 한 것도 그것으로 원래의 콘텍스트가 필연적으로 변하기 때문이다. 새로운 면이 보이기를 기대하는 것이다. 이식이 아니지만, 주변의 토양, 콘텍스트가 변하면 같은 곳에 있어도 이식된 것 같은 영향이 발휘된다.

수첩에 적어 놓은 메모를 노트로 옮기는 것이 이식이다. 언뜻 보면 그대로 옮기는 것 같지만 결코 그렇지 않다. 내용이 약간은 변형된다. 그보다도 원래의 전후 관계에서 벗어나야 새로운 전후 관계, 콘텍스트를 만들고 그 안에 들어갈 수 있다.

콘텍스트가 변하면 의미도 다소나마 변한다. 수첩 안에 있었던 아이디어를 노트에 옮기면 그것으로 새로운 의미를 띤다. 원래 있던 환경에서 벗어나면 그때까지와는 다른 색으로 보일지도 모른다.

이 노트에 있는 생각, 아이디어를 다시 한 번 다른 곳으로 옮겨준다. 깊이 잠이 들어서 눈을 뜰 것 같지 않은 생각, 아이디어도 재우는 동안 나온다. 그런 생각을 그 안에 언제까지나 방치

하는 것은 바람직하지 않다. 아직 살아 있는 것, 움직이려는 것은 새로운 곳으로 옮겨주면 활발하게 활동할 가능성이 있다.

노트를 바탕으로 다시 노트를 만든다. 나중에 만든 것을 메타노트라고 부르자.

전에 소개한 노트는 한 주에 한 페이지를 목표로 했으나 이 메타노트는 하나의 주제마다 두 페이지씩 할애한다. 마주보는 두 페이지가 하나의 주제가 된다. 맨 앞에 주제의 제목을 쓰고 순서대로 번호를 매기는 것은 전에 쓰던 노트와 다르지 않다. 노트에 있던 내용을 정리해 조목조목 나열한다. 여백은 나중에 첨가할 메모를 위해 넉넉하게 남겨 놓는 것이 바람직하다. 가령, 121페이지 그림처럼 말이다. 제목 아래의 cf는 노트 안의 참조 번호다. 오른쪽 페이지의 옆선 아래는 메타노트에 옮기고 나서 알게 된 내용이다. 지면이 부족하면 종이를 붙여 거기에 쓰도록 한다. 같은 항목을 다른 곳에 적는 것은 나중에 보지 못할 위험이 있으므로 되도록 피한다.

타이틀 오른쪽에 있는 날짜는 메타노트에 기입한 날이다. 이 것은 마침내 발효되었을 때, 얼마나 세월이 경과했는지를 알기 위해 적었다. 나아가 노트에서 메타노트로 옮긴 것이 얼마 정도 지나고 나서인지 알고자 했던 것도 있다.

메타노트에 들어간 것은 본인에게 장기간에 걸쳐 관심사가 될 것이라고 예상되는 착상, 아이디어라서 매우 중요하다. 그렇

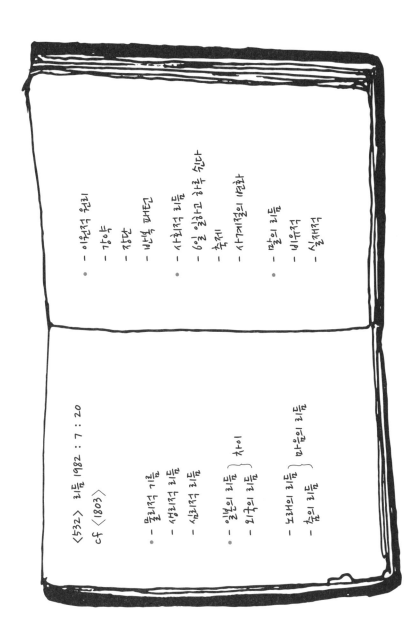

다고 해서 매일 보고 있으면 안 된다. 기록해두었으니 안심하고 얼마 동안은 머릿속에서 지워야 한다. 그렇게 하면 생각은 저절로 부풀어 오르거나 조용히 사라지는 듯하다.

자신의 내막을 보이는 것은 결코 좋은 취미는 아니다. 할 수만 있다면 그런 것은 하고 싶지 않지만 이런 책에서는 일반론만으로 끝내기는 어렵다. 아무래도 경험해온 것을 바탕으로 이야기를 풀어내지 않으면 방법이 없는 것 같아 굳이 내 나름의 방법을 꺼내 보였다.

수첩은 예정표와 공용하기 때문에 연말에 밖에서 받아온 것을 쓴다. 메모에 쓸 것이 많을 때는 1년에 다섯 권인가 여섯 권의 수첩을 다 써서 없앤 적이 있는데, 요즘에는 거의 한 권이면 적당하다. 그래도 연간 1,000에서 1,500페이지를 쓴다. 옛날, 왕성하게 메모하던 시절에는 1년에 1만 페이지를 가볍게 돌파했다.

어떤 순간에도 이 수첩을 손에서 놓지 않는다. 뭔가 깨닫거나, 재미있는 것을 듣거나 읽으면 나중에 쓰자고 미루지 말고 그 자리에서 적어둔다. 그것이 메모의 철칙이다. 그때 쓰지 못한 것을 나중에 쓴다는 것은 거의 불가능하다.

앞에서 나는 어느 영문일기를 노트로 애용한다고 썼다. 메타 노트도 같은 영문일기를 사용하고 있다. 크기가 다르면 책장에 넣을 때 들쭉날쭉해서 거슬리기 때문이다.

하지만 메타노트와 일반 노트가 전혀 구별이 안 되어도 곤란하다. 언뜻 봐도 알 수 있게 해놓아야 한다. 그리고 색깔로 나눈다. 노트는 하얗고 두꺼운 종이에 표지를, 메타노트는 갈색으로 된 두꺼운 하도롱지로 표지를 싼다. 각각에 권수를 기입하고 순서대로 진열한다. 이것을 20년 동안 계속해오니 밤색 메타노트가 22권, 하얀 노트가 31권이 되었다. 이 53권의 노트를 바라보고 있으면 내 생각들이 모두 이 안에 있다고 여겨져 흐뭇함을 감출 수 없다.

THINK
OUTSIDE
THE BOX
PART 4

# 생각을 어떻게
# 정리할 것인가

# 잊어야 할 것은 잊어야
# 정리도 잘 된다

어릴 때부터 배운 것을 잊어버리면 안 된다고 배웠다. 잊어버리면 혼났다. 그 탓에 무언가를 잊어버리는 일에 공포심을 느껴왔고, 잊는 것은 나쁜 것이라고 믿었다.

학교에서 잊어버리지 말라고, 잘 기억하고 있으라고 명령하는 것은 그 나름의 이유가 있다. 교실은 지식을 준다. 지식을 늘리는 것을 목표로 한다. 그러므로 기껏 준 것을 잊어버리면 곤란하기 때문에 잘 기억하고 있으라 하고, 때때로 잊지 않았는지 시험을 보고 조사한다. 기억하지 못하면 감점을 주고 경고한다.

점수가 높아야 당연히 좋으니 다들 무심결에 잊는 것을 두려워한다.

교육 수준이 높아질수록, 그리고 머리가 좋을수록 지식을 많이 갖고 있다. 잊지 않고 기억하는 것이 많다. 머리가 좋다는 것은 기억력이 뛰어나다는 것과 같은 의미다. 그래서 '살아 있는 사전'이라고 불리는 사람이 인기를 누린다.

여기서 우리가 이를 어떻게 바라보는지가 문제다.

지금까지 교육 분야에서는 두뇌를 창고와 같이 보았다. 지식을 마구 쌓아올리는 창고는 크면 클수록 좋았다. 안에 많은 것이 채워져 있을수록 좋았다.

기껏 쌓아올리고 있는데 한편에서 자꾸만 없어지는 탓에 '잊지 마'가 모토가 된다. 이따금 재고를 조사해서 없어지지는 않았는지 점검한다. 그것이 시험이다.

창고로서의 두뇌에 망각은 적이다. 박식하다는 것은 머릿속에 학문이 들어 있다는 증거였다. 그런데 이런 인간 두뇌의 입장에서 두려워할 만한 무시무시한 적이 등장했다. 컴퓨터다. 이것은 창고로서의 놀라운 기능을 갖고 있다. 일단 넣은 것은 절대로 사라지지 않는다. 필요할 때는 즉시 꺼낼 수 있다. 정리도 완벽하다.

컴퓨터의 출현, 보급과 함께 인간의 두뇌를 창고로 쓰는 것에 의문이 생겼다. 컴퓨터처럼 기억력이 좋고 명석한 인간을 만들어낸다고 해서 컴퓨터를 당해낼 리가 없기 때문이다.

　그래서 마침내 '창조적 인간'이 대두되었다. 컴퓨터가 하지 못하는 것을 하지 않으면 안 된다는 결론에 도달했다.

　인간의 두뇌는 앞으로도 일부는 창고 역할을 해야 한다. 그렇다고 창고에만 그쳐서는 안 된다. 새로운 것을 떠올리는 공장이 되어야 한다. 창고는 넣어둔 것을 분실하지 않고 보존하고 보관하는 능력만 있으면 그만이지만, 아무것도 만들어낼 수가 없다.

　한편, 공장에 아무거나 마구잡이로 들어오면 작업 능률이 떨어진다. 쓸데없는 것은 처분하고 공간을 늘려야 한다. 그렇다고 모든 것을 버리면 일을 할 수 없다. 정리가 중요하다.

　물론 창고도 정리를 빼놓을 수 없다. 이때의 정리는 가진 것을 순서대로 진열하는 것이다. 그에 비해 작업에 방해되는 것을 없애버리는 것이 공장 내부의 정리다.

　이 공장의 정리에 해당하는 것이 망각이다. 창고를 인간의 두뇌로 보자면 망각은 위험하지만 효율을 좋게 하려면 잊어버리지 않으면 안 된다.

　요즘 사람들은 망각이 얼마나 중요한지 이해하지 못한다. 그래서 공장 안을 창고처럼 쓰고 기뻐한다. 그러면 두뇌가 공장으로도 창고로도 제대로 기능하지 못할지 모른다. 컴퓨터는 이런 망각을 하지 못한다. 앞으로는 컴퓨터에 창고 기능을 맡기고, 인간의 두뇌는 지적 공장에 중점을 두지 않으면 안 된다.

그러려면 망각에 대한 편견을 고치지 않으면 안 된다. 그렇지 않으면 잊기가 의외로 어렵다.

돌발적인 사건이 일어났다고 하자. 그 혼란의 한복판에 있는 사람에게 여러 가지 일이 한꺼번에 쇄도한다. 그러면 머릿속에 잡다한 것이 들어와 혼잡한 상태에 빠진다. 망연자실, 어떻게 해야 좋을지 모른다. 이것이 '바쁘다'는 뜻의 망(忙)이다. 이 한 자는 '마음(心)을 잊는다(亡)'에서 나왔다. 즉, 바빠서 두뇌가 잘 돌아가지 않고 그러다 보니 잘 잊는다. 따라서 두뇌를 바쁘게 하면 안 된다. 쓸데없는 것만 가득한 창고는 곤란하다.

평범한 생활을 하는데 뇌가 바쁘면 안 된다. 그래서 인간은 자연스럽게 머릿속을 정리하려고 한다.

그중 하나가 잠이다.

잠들고 나서 얼마 동안 몸은 자고 있지만 뇌는 깨어 있는 상태인 렘수면이 진행된다. 눈꺼풀이 깜빡깜빡한다. 이 렘수면 사이에 뇌는 그날 안에 있었던 일을 정리한다. 기억해둬야 할 것, 즉 창고에 넣어야 할 것과 처분해도 좋은 것, 잊어도 되는 것을 구분한다. 자연망각이다.

아침에 눈을 뜨고 기분이 상쾌한 것은 간밤에 머릿속이 말끔하게 정리되어 저장 공간이 넓어졌기 때문이다. 사정이 있어서 그것이 방해받으면 잠을 푹 자지 못해 머리가 무겁다.

아침 시간이 생각하기에 가장 좋은 시간이라고 말하는 것도 아침에 머릿속이 깨끗하게 정돈되어 잘 움직이기 때문이다.

옛 사람들은 자연에 순응하며 생활했으므로 신의 내려주신 망각작용인 수면만으로 충분히 머릿속의 청소가 가능했다. 그런데 현대인은 정보과다 사회에서 태어났다. 불필요한 것이 뇌에 쉽게 쌓인다. 렘수면만으로는 처리할 수 없다. 그렇게 남은 정보를 그대로 놔두면 점점 머릿속이 혼란스럽고 늘 '바쁜' 상태가 된다. 신경쇠약도 그 때문에 일어난다.

옛날에는 잊으면 "안 돼, 잊으면 안 돼"라고 말하면 그만이었다. 안이 넓어서 두뇌를 창고로 써도 되었기 때문이다. 반면에 요즘에는 집어넣을 것이 많아져 공간에 한계가 있다. 게다가 창고만이 아니라 공장으로서 뭔가를 창출해내지 않으면 안 된다. 자리만 차지하고 방해가 되는 것이 굴러다니면 정리해야 한다. 잊는 노력이 절실하다.

여태까지 이를 떠올린 사람이 거의 없었다. 그러다 보니 잊으라고 해도 당장에 잊지 못한다. 하지만 넣은 것이 있으면 나오는 것이 있어야 한다. 넣기만 하고 나오지 않으면 폭발한다.

음식을 먹는다. 소화해서 흡수해야 할 것을 흡수하고 나면 남은 찌꺼기는 몸 밖으로 배설된다. 먹기만 하고 배설하지 못하면 배설물이 몸 안에 가득 찬다. 지금까지의 창고식 교육은 배설물을 몸 안에 쌓아왔는지도 모른다. 섭취하면 배설해야 한다. 망각은 이 배설에 해당된다. 망각을 눈엣가시로 여기는 것은 큰 실수다.

공부하고 지식을 습득하는 한편으로 불필요해진 것을 처분하고 정리해야 한다. 무엇이 중요하고, 무엇이 그렇지 않은지 말이다. 그렇지 않으면 더는 볼 일도 없는 낡은 신문지 한 장조차 정리하지 못한다. 나중에 필요할 것과 불필요할 것을 구분하지 못해 머릿속은 어지럽고 신진대사마저 되지 않는다.

뇌가 잘 돌게 하려면 '잊는' 것이 중요하다. 뇌를 능률이 좋은 공장으로 만들기 위해서라도 끊임없이 잊어야 한다.

잊을 때는 가치관이 기준이 된다. 재미있다고 여겨지는 것은 사소한 것이라도 좀체 잊지 못한다. 가치관이 제대로 서 있지 않으면 중요한 것을 잊고, 시시한 것을 기억하고 만다. 이를 잊지 말기 바란다.

## 애써서 잊으려 하지 말고,
## 망각을 즐겨라

잊지 않으려고 하면 얄궂게도 빨리 잊히고, 잊고 싶은 것은 오히려 머릿속에 달라붙어 떠나지 않을 때가 있다. 뜻대로 되지 않는다.

지금까지는 잊는 것을 눈엣가시처럼 여겼으므로, 어떻게 해야 잊을 수 있을지 곰곰이 궁리해도 묘안이 떠오르지 않는다. 머릿속이 늘 바쁘면 잊지 못하고, 그러면 제대로 된 생각을 떠올리지 못한다. 그럴 때는 어떻게 해야 하는가?

자연의 망각법으로 수면이 있다고 앞에서 말했다. 그래서 문제가 없으면 다행이지만 잠으로 모든 것을 잊을 수 없다는 것이 문제다.

불쾌한 기억은 한시라도 빨리 잊고 싶은 것이 사람의 마음이다. 그럴 때는 옛날부터 하는 일이 정해져 있었다. 술을 마시고 곤드레만드레 취해 쥐 죽은 듯이 잠이 드는 것이다. 눈을 뜨면 '여기서 어디지' 하고 어리둥절해진다. 그토록 괴롭던 일도 다 잊어버린다.

물론 이런 식으로 마시는 술은 몸에 좋지 않다. 하지만 살기 싫다는 마음으로 몸부림치며 잠을 이루지 못하고 밤을 지새우는 것도 결코 건강하다고는 할 수 없다. 과음이 아니라면, 술 몇 잔은 머릿속에서 유해한 것을 빨리 흘려보내기 위한 일종의 지혜다. 망각법치고는 너무 원시적이고 과격한 방법이지만 말이다.

다만 아무리 효과적이라고 해도 끊임없이 술을 들이켜면 몸이 망가지는 것은 시간문제다. 어지간한 일이 아니면 이 방법은 쓰지 않는 편이 좋다.

기분을 전환하고 싶을 것이다. 그 느낌은 그때까지 하던 일을 일단 뒤로 미루고, 새로운 생각으로 시작하자는 신호다. 그럴 때는 머릿속을 청소해야 한다. 설마 그럴 때마다 술을 마시거나 하는 얼간이는 없으리라.

책상에서 벗어나 차를 마시러 밖에 나가도 좋다. 장소를 바꾸면 기분도 달라진다. 앞에서 장소를 옮기는 방법을 소개했는데,

이것도 그와 같다. 기분을 새롭게 하는 행위다. 거기에 차나 음료수를 마시면 기분이 더욱 전환된다. 이럴 때 마시는 것을 영어로 'refreshments'라고 부른다. 'refresh'는 '기분을 상쾌하게 하다', '기분을 되살리다'는 뜻의 동사다. 이 단어의 명사인 리프레시먼트는 '간식'이나 '다과'를 의미한다.

격하지 않은 정도라면 입에 뭔가를 넣음으로써 그때까지 머릿속에 있는 것을 흘려보내고 정리할 수 있다. 잊는 효과도 있다.

그것과는 별도로 다른 일을 해도 잊을 수 있다. 앞에서 지켜보는 냄비는 끓지 않는다고 했다. 잊을 틈도 없이 한 가지 일에 연연하면 도리어 할 수 있는 일까지 하지 못한다. 잊지 않으면 안 된다.

그렇다고 해서 잊자, 잊자고 노력한다고 효과가 있는 것은 아니다. 도리어 잊기 힘들어진다. 잠들지 못하는 밤, 잠을 자려고 안달할수록 정신이 맑아지는 것과 흡사하다. 그럴 때는 반대로 책을 읽자. 어려운 책을 이해하려고 하면서 읽는다. 얼마 지나지 않아 잠이 쏟아져 견딜 수가 없을 것이다.

뭔가를 재워두려고 잠시 잊어야 할 때, 혹은 불쾌한 일을 잊고 싶을 때도 다른 일을 하는 것이 좋다. 구체적으로 말하면, 한 가지 일을 하고 나서 바로 다른 일을 하는 것이다. 한 가지 일만 계속하면 피로가 쌓이고 효율이 나빠지는 등 새로운 문제가 생긴다. 일하는 도중에 잠시 짬을 내어 기분을 전환하는 것은 그런 연유에서다. 하지만 다른 일을 하면 특별히 휴식을 취하지 않아도 기분을 전환할 수 있다.

공부하는 사람은 아침부터 저녁까지 같은 문제를 고민한다. 언뜻 굉장히 근면해 보이지만 효율은 별로 좋지 않다. 일본 사람들이 흔히 비유하는 말 중에 '시골의 공부, 서울의 휴식'이 있다. 이는 시간이 넘칠 정도로 많은 사람이 시간이 가는 줄도 모르고 공부에 몰두하지만 기대만큼 잘 되지 않는다는 뜻이다. 오히려 쉴 때는 쉬어야 진도가 잘 나간다. 이를 경계한 말이리라.

이런 점에서 누가 떠올렸는지는 모르지만 참 좋은 아이디어라고 여긴 것이 학교의 시간표다. 국어를 하면 수학, 그 다음에는 사회를 공부하고, 이어 과학을 한다. 체육을 하면 미술시간도 한 자리 차지한다. 이런 식으로 언뜻 맥락이 없어 보이는 수업을 연달아 한다. 이렇게 마구잡이로 가르치는 것을 주입식 교육으로 보는 사람도 있다. '좀 더 조직적으로 하면 어떨까' 해서 두 시간 연속으로 수업하는 곳도 있는데, 창고형 두뇌를 만드는 것이라면 몰라도 생각하는 뇌를 만들려면 잊는 것도 공부에 속한다. 잊으려면 이질적인 것을 접근시키는 것이 효과적이다. 학교의 시간표는 그것을 가능하게 해준다.

게다가 수업과 수업 사이에 쉬는 시간이 있다. 이것은 망각을 위한 시간이다. 충분히 뛰어다니고 맑은 공기를 들이마시며 기분을 전환하는 것이 바람직하다.

이런 식으로 땀을 흘리는 것이 망각법으로 효과가 있는 듯하다. 실제로 기분이 상쾌해지는 것은 머릿속이 깨끗하게 청소되고 있다는, 망각이 진행되고 있다는 증거다. 적당한 운동은 두뇌의 작용을 활발하게 하는 필수 조건이다. 두뇌작용을 혈액순환과 연관 짓는 것은 뇌가 몸의 일부라서 그렇다. 혈액순환이 좋지 않은데 뇌의 혈액순환만 좋기를 바라는 것은 무리다. 물론 뇌와 몸이 분리된 사람은 별개지만.

땀을 흘리는 것까지는 아니어도 산책도 몸을 씀으로써 망각을 촉진시킨다. 산책을 즐겨하는 철학자들 중에는 산책 중에 사색을 정리해 위대한 사상으로 발전시킨 예가 적지 않다.

마음에 걸리는 것이 있고 책을 읽어도 마음이 행간에서 쉽게 벗어날 때는, 과감히 산책에 나서자. 걸을 때 어슬렁어슬렁 걷는 것은 좋지 않다. 성큼성큼 빠르게 걷는다. 얼마 지나지 않아 기분이 변화하기 시작하면서 머릿속을 덮고 있던 안개가 물러간다.

30분쯤 그렇게 걸으면 나를 괴롭혔던 기억들이 대부분 흩어져 사라진다. 말끔해진다. 그리고 잊고 있었던 즐거운 것, 중요한 것이 되살아난다. 머릿속의 정리 작업이 종료된 것이다. 그때 돌아가서 책을 보면 술술 머릿속에 들어온다.

앞에서 말했지만, 쉽게 잊히는 것은 별 가치가 없는 것들이다. 적어도 본인이 마음 깊숙한 곳에서 잊고자 하는 것은 잊으려고 애쓰지 않아도 잊힌다. 반면에 아무리 사소한 것이라도 흥미, 관심이 있는 것은 결코 잊히지 않는다. 망각이란 그런 가치를 지녔는지를 구별하고 판단하는 기준이 된다.

강의나 강연을 듣고 열심히 메모하는 사람이 적지 않다. 잊으면 곤란하니 적을 텐데, 노트에 기록했다고 안심하면 잊어도 된다고 생각하는 건지, 어떤 건지 의외로 아무 흔적도 없이 깨끗하게 잊어버린다. 본래라면 잊을 리가 없는 것까지 잊는다.

그럴 바에는 메모를 하지 말자. 아무 생각 없이 듣고 있으면 대부분은 잊어버리지만 정말로 관심 있는 것은 잊지 않는다. 필기를 너무 꼼꼼하게 하면 흥미로운 내용까지 잊어버린다.

시시한 내용은 마음껏 메모하라. 그러면 안심하고 빨리 잊을 수 있다. 중요한 것은 써놓지 마라. 그런 후 잊으면 안 된다고, 잊으면 큰일 난다고 마음에 새기자. 그러면 잊지 않는다.

인간은 문자로 기록하는 것을 배우고 나서 잘 잊게 되었다. 그만큼 두뇌도 좋아졌을 것이다.

THINK
OUTSIDE
THE BOX
03

# 명품은 하루아침에 만들어지지 않는다

일본 사람들 중에서 일본 근대문학 전공자를 제외하면 소설가 시마다 세이지로를 알고 있는 이는 드물다.《지상》이라는 그의 작품이 세상에 화제가 되었다는 사실을 아는 사람은 이제 거의 없다. 1919년에 발표한 이 소설은 당시 50만 부라는 경이적인 판매 기록을 남겼고, 그때 그는 스무 살이었다.

그는 천재였다. 그것을 의심하는 사람은 거의 없었다. 그런데 어떻게 된 일인지, 지금 그는 완전히 잊히고 말았다. 당시로서는 오히려 나쓰메 소세키의 작품에 의문을 품은 이들이 많았다.

비판도 적지 않았다. 그랬던 나쓰메 소세키가 지금은 일본의 국민작가로서 일본 근대문학 역사에 비견될 사람이 없다고 일컬어지고 있다.

《지상》이 인기를 끌 당시 지금과 같은 상황을 예측한 사람은 없었다. 유행은 그 정도로 인간의 눈을 흐리게 한다. '현대'는 어느 시대든 이해하기가 가장 어렵다. 지나간 시대는 쉽게 이해할 수 있다. 판단이 그렇게 크게 빗나가지 않는다. 그런데 무엇이든 직접 보고 들어서 알 수 있는 현재는 도통 이해하지 못한다. 드물게 알았다 하면서도 말도 안 되는 판단을 하고 만다.

문학을 연구하는 이들은 이를 잘 알고 있다. 이따금 현대문학사를 연구하는 이들도 있지만 대부분은 현대에 접근하는 것을 두려워한다. 아무리 현대라고 해도 30년, 50년 전에서 글쓰기를 멈추는 것이 보통이다.

그래도 시대가 지났으니 현대 작품들을 다루지 않으려나 싶은데, 그럴 때면 "아직 이 작품의 작가는 세월의 시련을 거치지 않았다. 지금 섣불리 그 경중을 논하는 것은 신중해야 한다"고 말한다.

그런 이면에는 현재를 살피려다가 실패한 경험이 많다. 어째서 눈앞에 펼쳐진, 가장 잘 이해할 수 있을 것 같은 일을 이해하지 못하는 것일까? 첫째는 그때까지의 생각, 그것에 근거한 유행하는 색안경을 쓰고 보고 있기 때문이다. 주변 사람들과 똑같은 안경을 쓰고 일시적인 것과 그렇지 않은 것을 간파하기란 어렵다. 그 안경 너머로 새로운 것이 등장해도 보이지 않는다. 설령 보여도 기괴한 모습으로 비친다. 도저히 진짜의 가치를 알아보지 못한다.

또 하나는 새로운 것이, 너무나도 새로운 것이 본래의 모습이 아닌 다른 모습을 하고 있기 때문이다. 목수는 생나무로 집을 짓지 않는다. 생나무는 좋아 보이지만 건축 자재로는 쓸 수 없다. 수분이 빠지면 일그러지기 때문이다. 변형되기 전의 생나무는 목재로서는 아직 제 모습을 갖추었다고 말할 수 없다. 시간을 들여 변해야 하는 부분이 변형되지 않으면 집을 지을 수 없다.

새로운 작품도 마찬가지다. 작가의 손을 갓 떠난 작품은 생나무에 해당한다. 그것은 문학이라는 집을 짓기에는 아직 너무나 새롭다. '세월의 시련'을 거치고, 바람을 맞고, 건조시켜야 한다.

시간이 지나면 비록 눈에 보이지 않을 만큼 미미해도 풍화가 일어난다. 세부에 대한 해석이나 의견은 다 떨어져 나가고 새로운 성격을 띤다. 원고 상태일 때와 완전히 같은 의미를 가진 채로 고전이 된 작품은 동서고금을 막론하고 없었다. 반드시 세월의 체에 걸러져 떨어질 것은 떨어져 나간다.

때로는 작품 자체가 매몰될 때도 있을지 모른다. 발표 당시에는 이목을 집중시켰던 《지상》이 지금 완전히 잊힌 것이 그 예다. 피할 수 없더라도 생나무일 때와 크게 달라진 작품도 없지는 않다.

조너선 스위프트가 1726년에 쓴《걸리버 여행기》는 원래 당
대의 정치 정황을 신랄하게 풍자한 작품이었다. 그런데 시대가
변하자 독자들이 그 풍자를 이해하지 못했고, 시대가 지나면서
그런 현상은 점점 더 심해졌다. 일반적으로 풍자는 풍화가 급속
도로 진행된다. 이윽고《걸리버 여행기》를 풍자로 읽는 사람이
없어졌다. 그래서 이 작품은 망각되어도 좋았다.

그런데 새로운 시선으로 읽는 사람들이 생기면서 이 작품은
리얼리즘의 동화로 변신했다. 그와 동시에 정치 풍자 역할을 그
만두자 독자들이 너나없이 찾기 시작했다.

'세월의 시련'이란 시간이 가진 풍화작용을 거쳐 나온다. 풍화
작용은 망각이나 다름없다. 고전은 독자의 망각의 층을 뚫고 나
왔을 때 탄생할 수 있다. 작가 스스로가 고전을 만들어내지는 못
한다.

망각의 여과를 거치는 동안 어딘가로 사라져버리는 작품들
이 숱하다. 대부분이 그런 운명에 처한다. 극히 소수의 작품만
이 시련에 견디고 고전으로 다시 태어난다. 이 망각의 체를 피
하고 지속적인 가치를 갖기란 불가능하다.

이 관문은 5년이나 10년쯤 된 새로운 작품에는 작용하지 않
는다. 30년, 50년쯤 지나야 비로소 그 위력을 발휘한다. 그냥 내
버려두어도 50년이 지나면 나무는 뜨고 돌은 가라앉는다.

이것을 '자연의 고전화 과정'이라고 한다면 인위적인 고전화 작용도 있다. 자연이 고전화 되려면 오랜 시간이 흘러야 한다. 그냥 내버려두어도 고전화는 일어나지만 대신 평생이 걸려도 끝나지 않을 위험이 있다. 더 짧은 시간에 세월의 시련을 끝내기란 불가능할까.

특히 노력하지 않으면 고전화에는 30년이나 50년이 걸린다. 그 시간을 단축하려면 논리적으로 보았을 때 망각을 촉진하면 된다. 자연스럽게 잊히도록 시간에 맡겨두지 않고 잊히도록 노력한다. 앞에서 설명한 것처럼 머릿속을 끊임없이 정리해 쉽게 잊게 해주면 망각의 시간을 몰라보게 단축할 수 있다.

일시적으로 머릿속에 반짝하고 떠오른 것은 당장은 훌륭하다. 하지만 그것은 생나무나 다름없다. 서둘러 수분을 빼지 않으면 안 된다. 그래서 메모를 한다. 메모를 하면 마음이 놓인다. 안심하면 잊기 쉽다. 얼마 후에 다시 본다. 열흘이나 보름밖에 지나지 않았는데 벌써 썩은 글이 있다. 어째서 이런 것을 호들갑스럽게 써놓았는지 고개를 갸웃한다. 풍화가 진행되고 있는 것이다.

노트에 옮기는 것은 1차 시련에 통과했다는 뜻이다. 이것도 얼마 후에 재검토하면 역시 시시한 것이 나온다.

이것이 2차 세월의 시련이다. 이 시련을 빠져나온 것을 앞에서 소개한 메타노트에 옮겨 적는다. 이렇게 해서 변하지 않은 것을 찾는다. 쉽게 변하는 것을 잊는 것이다.

망각은 고전화로 가는 이정표다. 되도록 잊은 편이 좋다고 말하는 이유도, 개인의 머릿속에 들어 있는 견고한 주제와 내용을 서둘러 완성하려면 무엇보다 망각이 중요하기 때문이다.

생각을 정리하고자 한다면 망각이 가장 효과적이다. 자연에 맡기면 평생에 걸리는 탓에 시간을 너무 잡아먹는다. 그렇다고 해서 생나무 집을 아무리 지어봤자 세월의 풍화에 견디지 못하리라는 것은 불 보듯 빤하다.

망각의 달인이 되어 자꾸자꾸 잊자. 자연망각보다 몇 배나 빠른 속도로 잊을 수만 있다면 30년, 50년 걸리는 고전화, 즉 정리를 5년이나 10년으로 앞당길 수 있다. 시간을 강화해서 잊자. 그것이 개인의 머릿속에서 고전을 만들어내는 방법이다.

그렇게 해서 고전이 된 흥미, 착상이 쉽게 지워질 리가 없다.

생각을 정리하는 것은 얼마나 잘 잊느냐에 달려 있다.

# 버리지 못하면
# 썩을 뿐이다

지식은 많으면 많을수록 좋다. 게다가 아무리 많은 것을 배워도 무한하다고 말할 수 있을 정도로 여전히 모르는 것들이 많다.

만유인력의 법칙을 발견한 뉴턴은 다음과 같이 말했다고 전해진다.

"세간에서는 나를 어떻게 바라볼지 모르지만, 나는 나를 해변에서 뛰노는 아이 같다고 생각한다. 때때로 희귀한 조약돌이나 조개를 발견하고 기뻐하지만 바다 저편에 가로놓인 진리는 아직 알지 못하는 아이 말이다."

이 진리를 철저히 규명하는 것은 불가능하더라도 지식이 많으면 많을수록 좋은 것은 확실하다. 처음 학교에 들어갔을 때는 누구나 자신의 지식이 얼마나 부족한지 깨닫고 고민한다. 그래서 지식을 집어넣지 않으면 안 된다.

거기에 정신이 팔려 머릿속에 넣은 지식을 어떻게 할까는 거의 궁리해본 적이 없다. 만물박사가 생기는 것도 이 때문이다. 박식한 이들 중에는 지식을 지니고만 있으면 된다고 여기는 사람이 적지 않다.

흔히 "지식 자체가 힘이다"라고 말하지만 지식을 아는 것만으로는 적어도 현대에서는 힘이 되지 못한다. 조직된 지식이 아니면 사물을 창조하는 힘이 없다.

그뿐만이 아니다. 지식의 양이 늘어나 일정한 한도를 넘어서면 포화 상태에 이른다. 이후로는 아무리 늘리려고 해도 유실된다. 또한 그 문제에 대한 호기심이 옅어지고 배우고자 하는 욕구도 떨어진다.

수확 체감의 법칙이 있다. 일정한 토지에서 농작물을 경작할 때, 거기에 들인 자본과 노동의 증가에 따라 올라가던 생산고가 어느 한계에 달하면 늘지 않고 감소하는 법칙을 가리킨다.

비슷한 현상을 지식의 습득에서도 볼 수 있다. 처음에는 공부하면 할수록 지식의 양도 늘어나고 효율이 올라가지만 그 지식에 정통해지면 벽에 부딪힌다. 이제 새로 배워야 할 것이 그렇게 많지 않다. 무엇보다도 처음 시작할 무렵과 같은 신선한 호기심이 사라진다. 초심을 잊지 말자고 말하는 것은 무리다.

20년, 30년 동안 하나의 일에 매진한 사람이 그 세월에 비하면 두드러진 성과를 올리지 못할 때가 있다. 이것이 수확 체감을 보여주는 증거다. 한 길을 걷는 것이 반드시 황금률이 아닌 것도 그런 까닭이다.

지식은 처음에는 많으면 많을수록 좋지만 포화 상태에 이르면 선택의 기로에 서게 된다. 즉 정리해야 한다. 처음에는 플러스로 작용하던 원리가 어느 지점부터 역효과를 낸다. 그런 현상이 곳곳에서 일어나는데도 이를 깨닫지 못한 사람은 실패한다.

이는 마라톤 레이스와 같다. 전반은 스타트 지점에서 멀리 가면 갈수록 좋지만 후반은 다시 스타트 지점을 향해 달린다. 스타트 지점에 골이 있기 때문이다. 반환점을 돌아 반대 방향을 향해 달려야 한다. 반환점을 돌지 않고 곧장 달리면 영원히 피니시 지점에 닿지 않는다. 마라톤 레이스에서도 반환점을 돌지 않고 무작정 질주하는 선수처럼 생각의 틀을 바꾸지 않는 이들이 적지 않다.

반환점 이후에는 지식을 늘리기만 해서는 안 된다. 불필요한 것은 지체 없이 버려야 한다. 망각의 정리에 관해서는 이미 설명했다. 이로써 생각에 활력을 가져와야 한다.

여기서는 습득한 지식을 어떻게 버리고 정리하는가를 살펴보기로 하자.

가정에서는 잡동사니가 늘어나면 버린다. 오래된 신문이나 잡지가 쌓이면 쓸데없이 자리만 차지한다. 쌓아두면 먼지가 날린다. 그런 광경을 보고 망설이는 사람은 없다. 그런 것을 놔두면 생활할 곳이 없어진다.

일반적으로 노인은 잡동사니를 소중히 하는 경향이 있다. 예쁘게 포장한 선물용 상자가 예쁘다면서 빈 상자를 보존한다. 빈 상자들이 산더미처럼 쌓인다. 젊은 사람은 버리라고 말하지만 아깝다며 버리지 않는다.

신문이나 잡지라면 오래된 것은 쓰레기로 취급하는 사람도 책이라면 내놓지 않는다. 혹시나 언젠가 쓸 데가 있을지 모른다는 기분이 들기 때문이다. 하지만 머지않아 책이 넘치면 당황해 어쩔 줄 몰라서 다 버리자는 충동에 휩싸인다. 신중하게 따지지 않고 손에 집히는 대로 정리한다.

이후 후련해하며 자료를 조사하다가 그 책에 자료가 있겠다고 떠오른 순간, 때는 이미 늦었다. 이미 내다버린 후다. 그 때문에 함부로 책을 내다버려서는 안 된다고 후회하며 다시 무엇이든 끌어안는다.

이런 일이 생기는 이유는 평소 정리를 생각해본 적이 없기 때문이다. 모으는 것도 중요하지만 버리고 정리하는 것도 중요하며 후자는 더더욱 어렵다.

지식의 습득을 말할 때는 기억하기, 노트, 카드 만들기 등 다양한 방법이 거론되지만 정리를 언급하는 사람은 거의 없다. 학교에서도 지식을 넣어야 한다고 요란하게 떠들지만, 터질 것 같은 머릿속을 청소하는 것은 가르치지 않는다. 망각이 학습 못지않게, 혹은 그 이상으로 어렵다는 사실을 알지 못하고 학교를 졸업하는 것은 결코 행복한 일이 아니다.

잡동사니를 정리할 때조차 '나중에 남겨 놓았어야 하는데……' 하며 후회한다. 하물며 지식이나 좋은 착상을 정리하는 것은 '어쩌면 나중에 도움이 되는 것은 아닐까?' 하고 기대할지 모른다. 그러면 정리할 수 없다. 하지만 지식도 때가 되면 버려야 한다. 그것을 자연히 폐기하는 것을 망각이라 하고, 의식적으로 버리는 것을 정리라 한다.

지금 A라는 문제를 적은 카드가 1,000장이 되었다고 하자. 이렇게 많으면 무엇인가 하고 싶어도 할 수가 없다. 먼저 몇 개의 항목으로 분류하자. 분류하지 못한 것을 귀찮다고 무작정 버리는 것은 금물이다.

이렇게 분류된 카드를 시간을 들여 찬찬히 검토한다. 서두르면 숨어 있는 가치를 보지 못하고 버릴 위험이 있다. 여유로운 시간에 천천히 한다. 바쁜 사람은 정리하기에 걸맞지 않다. 터무니없는 것을 버리기 십상이다. 정리란 자신이 가진 관심, 흥미, 가치관에 따라 필요한 것과 그렇지 않은 것을 고르기 위해

체에 거르는 작업이나 다름없다. 가치의 기준을 명확히 하지 않은 채 정리하면 중요한 것을 버리고 있으나마나 한 것을 남기는 어리석음을 반복하게 된다.

가치의 기준이 있어도 고무처럼 때에 따라 늘었다 줄었다 한다면 이 또한 몰가치적 정리나 다름없다. 우리는 아이에게 정리를 맡기지 않는다. 아이만이 아니다. 남에게 정리를 맡기지 않는 것도 그 때문이다.

버리려면 자신의 개성에 맞게 재음미해야 한다. 이것은 몰개성적으로 지식을 흡수하는 것에 비해 훨씬 성가신 작업이다.

책을 많이 읽어서 아는 것은 많지만 그것이 전부인 사람이 있지 않은가. 그가 그렇게 된 이유는 스스로 책임감을 갖고 정말로 재미있는 것과 일시적으로 흥미를 불러일으킨 것을 구분하려는 노력을 하지 않았기 때문이다.

끊임없이 지식의 재고를 점검하고 조금씩 신중하게 임시적인 지식을 버리자. 그래서 이윽고 바꾸어 고칠 수 없거나 고칠 필요가 없는 지식만이 남으면 그때의 지식은 그 자체가 힘이 된다.

이것을 가장 극명하게 보여주는 것이 오래 간직한 책을 남에게 주는 것이 아닐까. 버리는 것은 아니더라도 간직한 책을 남에게 주는 것은 얼마나 어려운가. 이를 경험해보지 않은 사람이 아니면 모른다. 아무런 고민 없이 모으다 양이 많아진 것에 마냥 기뻐해서는 안 된다.

# 생각을 정리하려면
# 먼저 써라

생각을 정리하려고 하지만 좀체 뜻대로 되지 않아서 짜증이 날 때가 있다. 꼼꼼하게 조사하는 바람에 재료가 너무 많아서 어떻게 정리해야 할지 몰라 당황할 때도 있다.

정리란 실제로 해보면 굉장히 힘든 작업임을 알 수 있다. 그 번거로움에 애먹은 사람은 정리하거나 글로 정리하는 것을 점점 멀리한다. 그리고 그저 열심히 책만 읽는다. 읽으면 지식은 는다. 머지않아 재료는 늘지만 그만큼 정리하기가 더욱 골치 아파진다. 이렇게 해서 공부의 양은 엄청나지만 정리된 것을 거의 남기지 않는 사람이 탄생한다.

"생각을 좀 더 다듬지 않으면 글을 쓸 수가 없다."

졸업논문을 쓰려는 학생들이 흔히 이렇게 말한다. 그렇다고 꾸물거리다가는 시간에 쫓기고 초조해지기 시작한다. 초조해하는 두뇌에서 좋은 생각이 나올 리가 없다.

그럴 때는 "일단 써봐"라고 나는 조언한다. 어쩌면 글 쓰는 것을 두려워하는 마음이 있는지도 모른다. 그래서 스스로 구실을 만들어 쓰는 것을 하루하루 미룬다. 다른 한편에서는 마감이 닥쳐온다는 초조함도 큰 영향을 미친다.

머릿속에서 이렇게 저렇게 해봐도 무엇부터 해야 할지 갈피가 잡히지 않는다. 혼란스럽다. 특히 꼼꼼하게 조사해서 재료가 넘칠 정도로 있으면 혼란은 가중된다. 아무리 그래도 이대로 쓰기 시작하면 안 될 것 같다. 그래서 조금 더 구상을 명확히 한 후에 쓰려고 한다. 이것이 논문 작성을 앞둔 학생이 흔하게 느끼는 마음이다. 그것이 잘못되었다.

가벼운 마음으로 쓰자. 너무 위대한 논문을 쓰려고 과욕을 부리지 말자. 힘이 들어가면 역작이 되기는커녕 수박 겉핥기식처럼 피상적으로 끝나기 십상이다. 좋은 글을 쓰고 싶지 않은 사람이 어디 있으랴. 하지만 원하는 대로 글을 쓸 수 있는 사람은 별로 없다. 오히려 그런 기분을 버려야 잘 써진다. 보고서, 리포트도 마찬가지다.

어린 시절에는 글씨를 또박또박 잘 썼는데 어른이 되어서는 어째서 이 꼴일까 의아한 정도로 글씨를 애처롭게 쓰는 사람이 적지 않다. 어릴 때는 무심하다. 잘 쓰려고 애쓰지도 않았는데 도리어 솜씨가 눈에 띄게 늘어 글씨를 잘 쓴다. 조금만 칭찬을 받거나 자신이 생기면 이번에는 잘 써서 칭찬을 받고 싶은 마음이 생긴다. 그러면 뜻대로 잘 써지지 않는다. 글을 쓰는 것도 마찬가지다. 욕심을 내면 역효과가 난다.

글을 쓰려면 아직 멀었다는 마음이 들어도 잘 쓸 수 있다고 스스로를 타이르고 일단 쓴다. 쓰기 시작하면 쓴 것이 남지 않는가. 재미있게도 쓰다 보면 머릿속에 절차가 세워진다. 머릿속은 입체적인 세계로 이루어진 것 같다. 여기저기서 많은 지식이 동시에 자기주장을 한다. 수습해야 한다는 느낌은 거기에서 생긴다.

글을 쓰는 것은 선을 그리는 것과 같다. 한 번에 하나의 선밖에 그을 수 없다. 'A와 B가 동시에 존재한다'고 생각했다고 해도 A와 B를 완전히 동시에 표현하는 것은 불가능하며 어느 한쪽을 뒤로 미루지 않으면 안 된다.

거꾸로 말하면 글을 쓰는 작업은 입체적인 생각을 선이라는 말 위에 태우는 것이다. 익숙해질 때까지 다소 저항이 드는 것은 어쩔 수 없다. 단, 너무 오래 준비하지 말고 일단 써보자. 그러면 엉킨 실 뭉치를 한 오라기의 실 끝을 잡고 조심조심 풀어가듯이 생각이 점점 명확해진다.

막상 쓰려고 하면 자신의 머릿속이 얼마나 혼란스러운지 깨닫곤 한다. 그런 경우에도 어쨌든 써보면 조금씩이지만 조리가 잡힌다.

다만, 머릿속에 들어 있는 것들이 표현되기를 기대하며 그것들을 한꺼번에 쏟아내면 어디서부터 써야 할지 모른다. 그러므로 하나하나 순차적으로 써내려가자. 어떤 순서로 쓰면 좋은지도 중요하지만, 처음부터 그런 것에 신경을 쓰면 앞으로 나아가지 못한다. 써보는 것이 우선이다.

쓰면 쓸수록 뇌가 맑아진다. 앞이 보인다. 재미있는 것은 사전에 기대하지도 않았던 것이 글을 쓰는 동안에 불쑥 떠오른다는 점이다. 그런 일이 여러 번 일어나면 그것은 잘 쓰인 논문이 되리라고 짐작해도 좋다.

쓰기 시작하면 멈추지 말고 목적지를 향해 서둘러 가야 한다. 사소한 표현상의 문제에 연연하거나 오타에 연연하면 기세를 잃는다.

전속력으로 달리는 자동차는 앞에 장애물이 놓여 있어도 이에 아랑곳하지 않고 전진할 수 있다. 하지만 자전거는 작은 돌멩이에도 걸려 넘어질지 모른다. 속도가 빠를수록 자유롭게 회전할 수 있게 하는 장치인 자이로스코프는 더 잘 작용한다.

아무리 논문이라고 해도 쓰다가 지우고, 지우고 쓰는 것을 되풀이하면 무엇을 말하려고 하는지 알 수 없다. 일사천리로 쓰자. 마칠 때까지 멈추지 않는다. 그리고 나서 전체를 다시 읽는다. 이렇게 하면 이제 정정, 수정을 느긋하게 할 수 있다.

퇴고할 때는 부분적인 수정이 아니라 한가운데에 있던 글을 첫머리로, 혹은 말미에 있던 문장을 처음으로 가져오는 구조적인 변경, 즉 대수술을 해야만 한다. 다만 제출할 때까지 시간이 있으므로 여유를 갖고 궁리할 수 있다.

1고가 만신창이가 되었다면 2고를 작성한다. 이때 1고를 정정하는 것에만 그치면 재미없다. 되도록 새로운 생각을 많이 넣겠다는 자세로 2고를 완성한다. 다시 퇴고한다. 그래서 눈에 띄게 개선된 것 같으면 3고를 작성한다. 이제 더 이상은 손을 댈 여지가 없을 듯한 지점에 이르렀다 싶으면 드디어 원고가 완성된다. 다시 쓰는 노력을 아까워해서는 안 된다. 쓰다 보면 생각이 조금씩 정리되기 때문이다. 여러 번 다시 쓰다 보면 처음의 생각을 승화시키는 방법도 저절로 체득한다.

써보는 것 외에 남의 말을 잘 들어주는 상대를 골라 자신의 생각을 들려주는 방법도 머릿속의 정리에 도움이 된다. 때로는 함부로 말해서는 안 되는 것도 있다. 그와 모순되는 것처럼 보이지만 정리하려면 표현해보는 편이 좋다.

원고로 쓴 것을 퇴고하는 경우에도 말없이 쓰지 말고 소리 내어 읽으면 읽는 동안에 생각이 흐트러진 부분을 금세 포착할 수 있다. 소리도 생각을 정리할 때 도움이 된다.

《헤이케 이야기》는 12세기 후반 일본의 패권을 놓고 두 가문의 전쟁을 그린 소설로, 일본의 대표적인 고전문학으로 꼽힌다. 이 작품은 원래 구전된 이야기였다. 입에서 입으로 전해 내려오는 동안에 표현이 순화된 것이리라. 매우 복잡하게 얽히고설킨 줄거리임에도 불구하고 가지런하고 질서 있게 머릿속에 들어온다. 작자는 아무리 봐도 두뇌가 명석하다는 인상을 주는데, 이것은 작자 한 명의 공적이 아니라 오랜 세월 이야기를 들려주던 집단의 공적으로 봐야 한다.

생각은 되도록 많은 경로를 빠져나와야 가지런히 정리된다. 머릿속에서 떠올리는 것만으로는 잘 정리되지 않던 지식이 글로 써보면 명확해진다. 재차 써보면 더욱 그렇다. 《헤이케 이야기》가 '머리가 좋은' 것은 우연이 아니다.

THINK
OUTSIDE
THE BOX
06

# 주제와 제목은
# 어떻게 연결하고 달까

논문이나 연구 발표 제목 중에 규정이 세세하게 달린 논문이 있다. 가령 '헤밍웨이의 문체적 특징, 특히 초기 작품에 있어서 형용사의 사용에 관한 고찰'과 같은 것이 그렇다.

'헤밍웨이의 문체'라고만 적혀 있다면, 내용은 실제 읽어보고 판단해달라는 의미다. 그에 비해 방금 전에 예를 든 것처럼 자세한 단서가 붙으면 그 논문이 무엇을 말하려고 하는지 짐작이 가서 편리하다. 그런데 손안에 있는 것을 너무 보여주면 도리어 흥미를 잃어버리는 부정적인 면도 없지 않아 있다. 오히려 '헤밍웨이의 문체'라고 하는 편이 함축적이어서 호기심이 생길지도 모른다.

너무 자세히 규정하면 깐깐한 느낌이 나므로 실제로는 제목이 간단히 달린 편이 호감을 준다.

논문을 쓰려 하는 학생에게 "어떤 것을 쓰고 싶은가?", "주제는 뭔가?" 하고 물어보면 그 학생은 신이 나서 떠들기 시작한다. 5분이 지나도 10분이 지나도 끝나지 않는다. 듣는 쪽에서는 무슨 의미인지 점점 알 수 없다.

이것은 아직 구상하지 못했다고, 생각이 정립되지 않았다고 폭로하는 것이나 다름없다. 그런데도 일부에는 오래 설명하지 않으면 안 될 정도로 생각이 정리되지 않았음에도 상세히 설명하는 것이 좋다고 오해하는 듯하다. 사실 생각을 더는 할 수 없을 만큼 충분히 했다면 저절로 중심이 생긴다. '헤밍웨이의 문체적 특징, 특히 초기 작품에 있어서 형용사의 사용에 대한 고찰'보다 '헤밍웨이의 형용사'로 하는 편이 오히려 쓰는 사람의 의도를 잘 전달할지도 모른다.

대체로 수사어를 많이 달면 표현이 약해지는 경향이 있다. '꽃'만 써도 될 걸 '붉은 꽃'이라고 하면 도리어 함축되는 맛이 줄어든다. '불타는 듯한 새빨간 꽃'이라고 하면 한정된 의미밖에 전해지지 않는다. 수사를 많이 하면 의미가 엄밀해지기도 하지만 부주의하게 쓰면 전달성이 떨어진다. 듣기에 따라 불쾌한 느낌을 주기도 한다.

일반적으로 오랫동안 구전되어 온 옛날이야기에는 형용사가 잘 나오지 않는다. '꽃'은 '꽃'일 뿐이다. '불타는 듯한 붉은 꽃'은 거의 나오지 않는다. 명사 중심이다.

표현을 최대한 순화하면 명사만 남는다. 먼저 부사를 삭제한다. 연구 논문의 제목, 그 외의 제목에 '매우', '재빨리' 등의 부사가 쓰이는 것은 예외적이라고 할 수 있다. 부사 다음에는 형용사도 최대한 필요한 것만 남기고 없애야 생각이 깔끔하게 정리된다. 없애고 없애서 마지막에 명사만 남는다.

생각의 정리는 명사 위주의 제목이 만들어진 시점에 완성된다. 이것을 그림으로 나타내면 다음 페이지와 같다.

전체가 이렇게 정리되었다고 하자. 오른쪽의 A에서 F로 향하고, 단계적으로 추상화가 진행된다. 오른쪽 끝에 있는 A는 문장 하나하나를 가리킨다. 이것이 몇 개인가 모이면 단락이 생긴다. 이것이 B다. B들이 모여 절 C를 형성한다. C들이 다시 모여 챕터, 즉 장이 만들어진다. 이것이 D다. D의 상위에는 1부와 2부로 구성된 E가 오고 마지막으로 전체를 마무리하는 표제 F가 온다. 거꾸로 말하면 F라는 주제는 1부와 2부로 나뉘고, 각각이 몇 개의 챕터로 구분된다. 그리고 다시 하위의 절로 세분화되며, 그 아래 다시 단락으로 나뉘고 결국에는 하나하나의 문장이 되는 식이다.

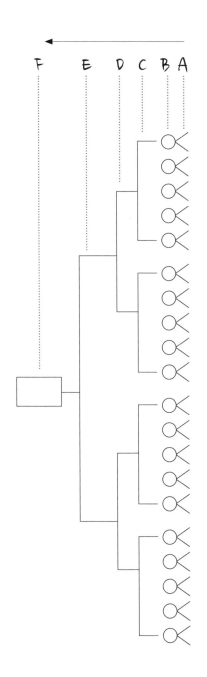

이 구성을 형식상으로 세밀하게 정리한 것이 숫자에 의한 표기법이다. 가령 1부, 1장, 1절은 1.1.1이 된다. 마찬가지로 2절은 1.1.2다. 2부, 2장, 3절이라면 2.2.3으로 표현된다.

미국의 학술서 등에서는 이 구성이 널리 쓰이고 있으나 일본에서는 아직 일반적이지 않다. 추상의 사다리를 올라 주제와 제목에 이르는 과정이 이렇게 명확하게 드러나는 방법은 드물다. 실제로 그런 구성으로 문장을 쓰느냐 생각을 정리할 때 참고가 된다.

'헤밍웨이의 문체적 특징, 특히 초기 작품의 형용사 사용에 관한 고찰'과 같은 제목이 달리면 이 제목이 무엇을 말하려고 하는지 이해하지 못하는 사람은 거의 없다. 그런데 '헤밍웨이의 형용사'라는 제목이 붙은 논문이라면 형용사가 어떻다는 것인지 정확히 알 수가 없다. 이 표제만 보고 내용을 상상하면 예상이 빗나갈 수도 있다.

그러면 자연히 본문을 읽고 싶어진다. 좀 전의 긴 제목이라면 제목만 봐도 내용을 알 것 같아서 읽을 마음이 들지 않을지도 모른다.

학술적인 연구가 아니라 일반적인 책 제목은 내용을 추측하는 단서로 쓰기가 더 어렵다. 새로운 책의 제목을 보고 그것을 어떤 책이라고 단정하는 것은 대개는 위험하다.

미카미 아키라라는 유명한 문법학자가 있었다. 그의 주요 저서 중 하나로《코끼리는 코가 길다》가 있다. 이 책 제목을 보고 서점에서는 당연히 동화책이라 여기고 어린이책 코너에 진열했다. 이러면 잘 모르는 손님이 어린이책이라고 착각하고, 사지 않으리라는 보장이 없다. 하지만 이 책은 문법론을 다룬 학술 서적이다.

일본에는《영어청년》이라는 전통 있는 영문학 잡지가 있다. 중학생이 잡지 이름에 혹해 사서 읽으려고 했으나 내용이 어려워 읽을 수가 없다고 편집부에 항의 엽서를 보냈다는 일화도 있다.

제목, 서명은 수상하기 짝이 없다. 특히 외국의 책은 제목만 보고 이런 책이라고 단정하기가 무모하다. 제목의 진정한 의미를 처음에는 잘 이해하지 못하는 것은 당연하다. 전체를 읽어야 비로소 설명하지 않아도 잘 알 수 있다.

실제로 책 제목 등은 내용이 깔끔하게 완성되고 나서 마지막에 달린 것이 적지 않다. 또 신문이나 잡지에 기고하는 원고에는 일부러 제목을 붙이지 않기도 한다. 편집부 담당 기자가 붙여주었으면 하는 마음에서다. 제목 하나로 글이 살거나 죽는다. 제목은 그렇게나 중요하다. 주제를 명시하거나, 혹은 상징하기 때문이다.

미국에서 출간된 논문 작성 지도서에 "주제는 단문(single sentence)으로 표현하지 않으면 안 된다"라는 주의사항이 있었다. 재미있는 말이어서 기억에 남아 있다. 앞에서 말했듯이 주제를 설명해보라고 하면 10분, 15분 주구장창 떠드는 학생들이 있는데, 이들을 보고 있자면 단문으로 정리한다는 것은 어림없는 일이라고 여겨진다. 한 문장으로 표현할 수 있는 사람이라면 그 안의 명사만 빼내 표제로 만드는 일은 아무것도 아닐 것이다. 표제야말로 생각의 궁극적인 정리다.

# 칭찬해주는 사람을
# 곁에 두자

뭔가를 생각하려고 하면 일할 때와는 달리 좀체 뜻대로 되지 않는다. 일이라면 하나씩 처리하면 되지만, 이런저런 생각은 아무리 시간이 지나도 결론이 나지 않는다. 같은 곳을 빙빙 맴돈다. 머지않아 이것은 아닐지도 몰라, 그런 생각이 든다.

그런 경우, 너무 골똘히 고민하는 것은 좋지 않다. 생각이 막히면 잠시 바람을 쐬자.

그리고 반드시 할 수 있다고 곰곰이 생각하면 언젠가는 분명히 막힌 생각이 뻥 뚫린다. 그렇게 자신에게 암시를 건다. 뭔가 잘못되어도 '난 이제 안 돼. 다 틀렸어'라는 자책은 하지 않는 것이 중요하다.

소극적인 태도로는 잘할 수 있는 것조차 잘할 수 없다. 할 수 있다고 스스로에게 암시를 걸어야 한다. 그런 눈속임이 도움이 되냐고 비웃는 사람도 있을지 모르지만 비록 말뿐이라도 "이제 안 돼. 다 틀렸어"라고 말하면 정말로 힘이 빠진다. 자기암시가 유효하게 작용하는 것은 그 때문이다.

생각은 매우 섬세하다. 전에도 말했다시피 좋은 아이디어가 떠올라도 그때 바로 붙잡아두지 않으면 나중에 아무리 끄집어내려고 해도 도저히 다시 모습을 드러내려고 하지 않는다.

반은 취한 상태에서 시를 짓는 시인이 있었다. 그런데 도중에 사람이 찾아와서 작업이 중단되면 그 후 그때까지 지은 시가 완전히 날아가는 바람에, 두 번 다시 그 흐름을 재현하지 못한다고 했다.

머릿속에 있는 것이 재미있는 방향으로 나아간다고 여겨질 즈음 전화벨이 울린다. 그 순간에 생각의 실타래가 뚝 끊겨 실마리를 놓치는 경험을 한다. 설상가상으로 전화를 받아 잠시 통화를 하고 책상으로 돌아오면 다른 사람이 된다. 방금 전에 무엇을 고민했는지 까맣게 잊어버린다. 원고를 쓰는 중에 전화를 받으면, 통화를 마치고 다시 쓰려고 할 때 바로 전의 것이 도통 떠오르지 않아 혼란스러울 때가 종종 있다.

그만큼 모습을 잘 감추는 것이 생각이다. 모처럼 "이것은!" 하고 눈이 번쩍 뜨이는 착상이라 여겨 사람들에게 말했다가 별것 아니라는 식으로 딱 잘라 부정당하면 심하게 상처받는다. 당분간은 자신의 생각을 노골적으로 드러내지 말자고 결심한다. 어쩌면 그러다 영원히 묻힐지도 모른다.

그런 체험을 여러 번 하면 뭔가를 떠올렸어도 조심해서 말하지 않으면 안 된다는 것을 깨닫는다.

자신감을 갖고 이것으로 되었다고 스스로 납득하는 것만으로는 충분하지 않다. 다른 사람의 생각도 긍정적인 자세로 듣지 않으면 안 된다. 어떤 것도 그런 자세로 탐색하면 분명 좋은 점이 있다. 다른 사람의 생각을 듣고 좋다는 생각이 들 때는 솔직히 감탄하고 칭찬해야 한다.

잘 모를 때도 노골적으로 "잘 모르겠어요" 하고 찬물을 끼얹는 것은 금물이다.

"좀 어려워 보이지만 왠지 재미있어 보이네요"라고 하면 같은 말이라도 받아들이는 느낌이 전혀 다르다. 훌륭한 교육자, 지도자는 어딘가 좋은 점을 발견하고 거기에서 길을 찾는다. 비평을 받은 측에서는 다소 지적을 받았지만 칭찬받은 부분에 기대어 희망을 이어나갈 수 있다.

전면적으로 부정하면 당한 쪽에서는 더는 일어설 기운도 없어진다. 스스로 틀렸다고 말하는 것에서도 심한 타격을 받는데,

설상가상으로 타인에게 지적을 당하면 눈앞이 캄캄해진다.

서로 자신의 과거를 돌아보고 여기까지 온 것은 누구의 덕인지 따져보면 대개는 칭찬해준 사람이 떠오른다. 어느 노시인은 칭찬을 받았기에 이렇게까지 진보했다고 진지하게 술회한다. 그는 칭찬이 포함된 비평을 듣고 성장했다고, 비평은 거의 도움이 되지 않았다고 했다.

친구를 만날 때는 칭찬해주는 사람을 골라야 한다. 그런데 이것이 좀체 어렵다. 인간은 칭찬보다 비평을 더 잘하기 때문이다. 말하자면 머리가 좋은 사람일수록 결점은 잘 찾아내지만 장점은 잘 발견하지 못하는 듯하다.

칭찬을 받으면 우리의 뇌는 흐름을 탄다. 어느새 기세가 올라 의외로 새로운 아이디어가 튀어나온다.

피그말리온 효과라는 것이 있다. 한 반에 40명의 학생이 있으면 20명씩 두 그룹 A, B로 나눈다. 학력은 A와 B의 평균이 같게 한다. 먼저 첫 번째 시험을 치른다. A 그룹에는 채점한 시험지를 돌려주고 B 그룹에는 채점한 시험지를 보여주지 않는다. 그 대신 교사가 학생을 한 사람씩 불러 시험 성적이 잘 나왔다고 알려준다. 물론 엉터리다.

얼마 후 두 번째 시험을 본다. 전와 마찬가지로 A 그룹에는 점수를 매긴 시험지를 돌려주고 B 그룹에는 한 명 한 명 호명해 이번에도 잘했다고 칭찬하되 채점한 시험지를 보여주지도, 돌려주지도 않는다. 학생은 다소 의심스러워하지만, 칭찬을 받은 것은 기분 나빠하지 않는다. 그래서 너무 꼬치꼬치 캐묻지 않고 가만히 있기로 한다.

이를 몇 번인가 반복한 후, 이번에는 전원의 답안을 채점하여 A, B 두 그룹의 평균점수를 내본다. 그러면 칭찬받은 B 그룹이 A 그룹보다 점수가 높게 나온다. 이것이 피그말리온 효과다.

전혀 근거가 없는 칭찬이어도 그런 거짓말 속에서 나오는 진실이 있다. 하물며 조금이라도 근거가 있는 칭찬이라면 반드시 피그말리온 효과가 나온다. 주변에 잘 칭찬해주는 사람이 있다면 평소에는 주뼛거리는 소극적인 사람도 마음을 터놓고 자신의 생각을 과감히 드러낸다. 분위기를 무시해서는 안 된다. 분위기가 좋은 곳이 아니면 훌륭한 아이디어를 얻기 어렵다.

좋은 생각이 떠오르지 않을 때 머리를 싸매고 끙끙 고민하는 것이 가장 나쁘다. 자신감을 잃기 때문이다. 논문이나 어려운 원고를 쓰는 사람이라고 해도 서재에 틀어박혀 공부하는 타입과 특별한 용무가 없어도 이따금 사람을 만나러 나가는 타입이 있다.

언뜻 보기에는 방에서 떠나지 않는 사람이 좋은 논문을 쓸 것 같지만 실제로는 사람들과 자주 만나는 사람이 더 훌륭한 글을 쓰는 편이다. 친구와 대화를 나누면 모두 "난 안 돼, 난 안 돼"라고 반은 입버릇처럼 말한다. 그것을 듣기만 해도 자기만 고생하고 있는 것은 아니라는, 아직 더 나은 것이 있을지 모른다는 생각이 든다. 간접적으로 칭찬을 받은 것 같다. 집에 돌아오면 의욕이 생긴다. 그러니 혼자서 끙끙 앓으며 고민하는 것은 피해야 한다. 사람과 대화를 나눌 거라면 칭찬해주는 사람과 만나는 편이 좋다. 비평은 날카롭지만 좋은 점을 보는 눈이 없는 사람은 멀리하자.

속 보이는 칭찬을 좀 들으면 어떤가. 진실에 직면하라는 용감한 말을 하는 사람도 있는데 그것은 초인적인 사람이나 가능한 일이다. 평범한 사람은 속 보이는 칭찬이라도 들어야 힘이 난다. 입에 발린 말이라는 것을 알아도 기분이 좋아진다. 그것이 사람 마음이 아닌가.

우리는 입에 발린 칭찬을 말하는 것을 수줍어 한다. 속 보이는 말을 하는 것을 부끄러워한다. 하지만 어차피 칭찬에 글자 그대로의 의미가 없을 때도 있다. 늦잠을 잔 사람이라도 아침나절에는 "좋은 아침입니다!"라고 인사한다. 칭찬은 최상의 인사다. 그것으로 칭찬받은 사람의 생각도 활발해진다.

# THINK
# OUTSIDE
# THE BOX
## PART 5

생각을 비울 때
생각이 열린다

# 말하는 방법이
# 생각의 깊이를 좌우한다

소리를 내어보면 뇌가 다른 작용을 하는 듯하다. 그리스의 철학자들이 산책하거나 대화하는 동안에 사색할 거리를 찾은 것도 우연은 아닌 것 같다. 말없이 생각만 하면 그 생각이 막다른 골목에 들어가 영영 나오지 못할지도 모른다.

현대인도 소리 내어 생각하는 것을 내다버리지는 않았을 것이다.

완성된 원고를 다시 읽고 손본다. 원고는 말없이 쓰지만 다시 읽을 때는 소리 내어 읽는다. 적어도 소리를 낼 작정으로 읽는다. 이런 사람이 의외로 많다. 그리고 만약 읽다가 걸리는 부분이 있으면 거기에는 반드시 문제가 숨어 있다. 다시 생각하지 않으면 안 된다. 소리 내어 읽지 않으면 대개 이런 부분을 놓치고 지나간다.

소리는 눈으로 보지 못하는 문장의 구멍을 발견한다. 소리는 생각보다 현명하다.

앞에서 12세기 후반 일본의 패권 다툼을 그린 소설《헤이케 이야기》를 가리켜 '머리가 좋다'고 했는데, 이 역시 소리로 단련된 것으로 여겨진다.

소리 내어 읽어봐도 막히는 곳이 없고 유려한 느낌이 든다면, 아마 무수한 퇴고를 거치며 결정에 버금가는 순도에 도달한 것이리라. 소리로 생각하는 것의 중요함을 다시금 깨닫는다.

이렇게 소리를 냄으로써 생각이 순화되는 예도 있지만, 그렇다고 무엇이든 소리 내도 좋은 것은 아니다.

가령, 사소한 아이디어를 떠올렸다고 하자. 기분이 한껏 들뜬다. 친구와 있으면 말하고 싶어 입이 근질근질하다. 반은 자신에 차서 말하지만 상대의 성격 때문인지, 대개는 딱 잘라 별것 아니라는 듯한 반응을 보인다. 물론 이런 경험이 풍부한 사람이라면 다른 식으로 반응하겠지만, 대부분은 말로는 그렇게 표현하지 않아도 별것 아니라는 표정을 짓는다.

잠을 충분히 자고, 아주 제대로 다듬었으며, 충분히 발효되어

술이 된 것 같은 착상, 주제가 이런 차가운 대접을 받으면 말한 사람은 심한 상처를 받는다. 당연히 즉흥적으로 떠올린 따끈따끈한 아이디어로는 잠시도 버티지 못한다. 어린 싹은 덧없이 짓밟히고 두 번 다시 고개를 들려고 하지 않을 것이다. 따라서 함부로 새로운 아이디어를 남에게 득의양양한 표정으로 선전해서는 안 된다.

상대가 허물없는 친구라도 그렇다. 하물며 선배나 선생님이었다면 타격은 한층 심각하다. 흔히 학생이 논문 주제를 상담하러 찾아온다. 도무지 갈피를 잡지 못하겠는데 어떻게 하면 좋겠느냐며 조언해달라고 한다. 말도 안 되는 이야기지만 학생으로서는 잃을 것도 없으므로 막무가내다.

이와 같은 상황이 아니더라도 마침 좋은 생각이 떠올라 교사나 교수의 의견을 들어보자는 마음으로 상담하러 오는 경우가 있다. 이는 굉장히 위험한 행동이다. 교사나 교수는 학생에게 친구와는 달리 '권위'를 갖고 있다. 교사가 감탄하면 용기백배하겠지만 만약 "그딴 것……"이라고 일축 당하면 어떻게 할 것인가. 돌이킬 수 없다. 좋은 생각이 떠올랐다면 함부로 떠들어서는 안 된다. 혼자 간직하고 재우면서 순화되기를 기다리는 것이 현명하다. 그것을 알지 못하고 심한 말을 들은 적이 얼마나 많았는가.

선생은 선생대로 무심코 던진 한마디가 그런 파괴력을 갖고 있다는 것을 깨닫지 못한다. 그런 선생이 남을 지도할 능력이 있다고는 말하기 어렵다.

모처럼 떠올린 아이디어의 싹이 그런 차가운 비평으로 짓밟힐 위험 외에도 무작정 입 밖으로 내어서는 안 되는 이유가 있다. 소중하게 간직해두어야 하는 생각은 역시 가슴속에 몰래 간직해두지 않으면 안 된다.

말해버리면 머릿속이 개운해진다. 얹혔던 것이 쑥 내려가는 쾌감을 느낀다. 그러면 그것을 더욱 끄집어내려는 의욕을 잃고 만다. 혹은 글로 써서 정리하려는 힘이 사라진다. 떠드는 것이 이미 어엿한 표현활동이므로 만족한 까닭이다. 말을 더욱 줄이고, 표현을 최대한 절제하지 않으면 안 된다.

출판사 편집자가 된 이들 중에는 작가를 지망하는 사람이 많다. 그런데 편집이라는 일이 일종의 표현 욕구를 만족시켜서일까? 막상 편집자가 되고 나면 작가의 꿈을 접는 사람이 많다. 따라서 작가나 문필가 지망생에게 편집은 꽤 위험한 일이라고 말할 수 있다.

영국의 시인이자 소설가인 로버트 그레이브스는 다른 시인에게 이런 충고했다.

"시만으로는 먹고살 수 없다. 그래서 시인은 먹고살기 위해 다른 일을 하지 않으면 안 된다. 다만, 그때, 문학과 인연이 너무 깊은 직업은 멀리할 일이다. 출판사에서 근무하며 편집하는 것보다 발송 업무를 하는 편이 낫다."

그야말로 창작 에너지가 대리만족으로 줄어드는 것을 간파한 조언이다.

일본에 "구변이 좋으면 수단도 좋다"라는 말이 있는데, 구변, 즉 말재주가 좋은 사람은 종종 말만 잘하는 것에 만족해 실제 행동은 소홀히 하고 만다. 생각을 말하는 것도 마찬가지로 함정에 빠지게 한다. 때문에 생각한 것을 경솔하게 떠들어서는 안 된다.

그렇다고 해서 자신의 방에 틀어박혀 있는 것도 좋지 않다. 담론을 나누는 사이에 생각하지도 못한 묘안이 떠오를 때가 종종 있으니 말이다.

얻은 착상 자체를 떠들어서는 안 된다는 점은 이미 설명했다. 그것은 소중히 간직해야 한다. 그것과는 별개의 것을 떠들어보자.

그렇다고 너무 자잘한 것을 비판적으로 생각하면 발상이 위축된다. 또한 화제는 속세를 벗어난 것이 좋다.

속세를 벗어난 지적 대화는 가까운 사람의 이름, 고유명사를 꺼내지 않는다. 공통으로 아는 지인의 이름이 나오면 대화가 가십거리로 끝나기 마련이다. 가십이란 해만 있고 이익은 없다.

이어서 과거형의 동사를 말하지 말아야 한다. "~였다", "~했다"라는 말투도 가십처럼 들린다. 대신 "~는 아닐까", "~라고 생각할 수 있다"와 같은 표현을 쓰면 창조적인 생각이 우러나오기 쉽다.

더욱이 동업이나 같은 분야에 종사하는 사람들끼리 서로 대화를 나누다 보면 화제가 빤해서 어느새 전문적인 이야기로 흐른다. 그러면 이야기가 좁아지기 십상이다. 편리한 지식을 얻는 것은 좋지만 서로 경쟁하는 사람들끼리는 재미있는 발상이 나오지 않는다.

인연은 그리 깊지 않지만 마음을 터놓고 이야기할 수 있는 사람들이 모인 곳에서 현실에서 벗어난 이야기를 하자. 그러면 촉매작용에 따른 발견을 기대할 수 있다. 생각하지 못한 뜻밖의 발견을 뜻하는 세렌디피티에 버금가는 착상도 가능하다. 무엇보다도 생생하고 약동적으로 생각할 수 있어서 재미있다. 시간이 가는 줄도 모른 채 서로 이야기를 주고받는다는 것은 대개 이런 친구들과의 대화를 두고 하는 말이다.

이야기를 처음부터 탈선시키자. 탈선은 탈선을 유발하고 대화는 점점 더 예기치 못한 곳으로 뻗어간다.

분위기에 타서 수다를 떨면 자신도 깜짝 놀랄 만한 발상이 입에서 튀어나온다. 역시 소리는 생각하는 힘을 갖고 있다. 우리는 머리로만 생각하는 것이 아니라 말로 떠들고, 떠들면서 소리로 생각하지 않으면 안 된다.

THINK
OUTSIDE
THE BOX
02

# 마음을 놓고
# 이야기를 나눌 시간

며칠 전에도 우리는 삼인회를 열자는 이야기가 나와서 도쿄의 한 호텔을 예약했다. 밤새워 이야기를 나누려고 트윈 룸에 보조 침대도 들여왔다.

그런데 그 직전에 이번 모임을 가장 열심히 추진했던 친구가 오지 못한다고 말을 전했다. 학교에 중요한 위원회 일이 있다며 말이다. 공교롭게도 그는 그 위원회의 위원장을 맡고 있었다. 자신이 출장으로 자리를 비운 사이에 일정이 정해지는 바람에 어쩔 수 없다며 울먹이는 목소리로 전화를 했다. 그러면 어쩔 수 없지. 두 사람이 모임을 열기로 하고, 둘이 호텔에서 밤새워 이야기를 나누었다. 한 사람이 빠진 탓인지 역시 쓸쓸했다. 여름 방학에 위원회를 여는 학교가 원망스러웠다.

우리 삼인회는 자랑은 아니지만 벌써 30년의 역사를 갖고 있다. '위원장'인 친구는 국문학, 다른 친구는 중국문학, 나는 영문학을 전공했다. 1948년경, 우리 세 사람은 도쿄고등사범학교 부속 중학 교사로 동료였다. 세 사람 모두 공부도 뜻대로 되지 않고, 방향도 정해지지 않아서 초조해하던 참이었다.

우리는 어떻게 해서든 새로운 분야를 개척하고 싶었다. 외국 문학 연구가 언제나 국내 학자의 뒤를 좇아 작가론, 작품론만 공부해봤자 방법이 없지 않은가. 외국인은 읽는 법도 특별하다. 궁극의 한계에 도전하는 독자다. 문학작품은 그런 극한의 독자도 이해할 수 있기에 비로소 존재한다. 적어도 위대한 작품은 어떤 독자에게도 차가운 얼굴을 내비치지 않는다. 그렇다면 외국 문학 연구가 지향해야 하는 것은 지금까지 생각한 적이 거의 없었던 독자론이어야 하지 않을까.

혈기왕성한 나이이기도 해서 나만의 독자적인 독자론을 구상했다. 약간은 자신이 있었다. 어떤 기회로 존경하는 선배 두 사람과 회식을 했다. 선배라고 해도 거의 나이 차이가 나지 않는 젊은 학자였다. 내 구상을 찬성하고 응원해주리라 생각하고 독자 연구의 필요성을 조심스럽게 꺼내 보였다.

그런데 두 사람 모두 그것은 불가능하다며 딱 잘라 말했다. 기가 꺾인 나는 그 이후로 말할 기운을 잃어버렸다. 틀이 굳지 않은 연구 구상은 함부로 남에게 말해서는 안 된다고 앞 장에서 말했는데, 이런 경험은 한 번으로 족하다.

그래도 역시 독자론을 펼쳐봐야겠다는 생각이 든 것은 그 일이 있고 5, 6년이 지나고 나서다. 그때까지 재워두었던 것이라면 결코 헛된 시간은 아니었다.

우리 세 사람이 잡담이라도 해보자는 의견이 모아진 것은 선배에게 당하고 풀이 죽었을 때였다. 그 무렵에 모임 장소가 있을 리 없었다. 세 사람의 집을 돌아가며 모임 장소로 삼았다. 회비는 100엔. 그것으로 초밥을 사다 먹었다. 차는 집에서 내주는 것을 마셨다. 나중에는 가정 서비스는 전혀 받지 않았다. 오후 1시쯤 만나 얼굴을 맞대고 이야기를 나누다 저녁식사로 초밥을 먹고 다시 이야기를 나누고는 밤 11시쯤이 되어 못 다한 이야기가 있음을 아쉬워하며 헤어진다. 해마다 그렇게 네다섯 번씩 만났다. 우리는 이 모임을 언제부터인가 삼인회라고 불렀다.

나는 언젠가 이 친구들에게 조심스럽게 나의 독자론을 들려준 적이 있다. 국문학을 전공한 친구도, 중국문학을 전공한 친구도 흥미를 보였다. 질문을 받다 보면 그 안에서 새로운 실마리를 발견할 때가 있다. 삼인회를 하고 난 뒤에는 늘 기분이 들떴다. 그때 나눈 잡담을 토대로 몇 편의 원고를 썼다. 다른 두 친구도 그런 듯했다.

내가 먼저 부속 중학교를 그만두자 뒤이어 국문학을 전공한 친구가, 마지막으로 중국문학을 전공한 친구가 그만두었다. 그리고 세 사람 모두 도쿄교육대학교 문학부에 들어갔다. 그 10년이 안 되는 시기가 삼인회에 가장 행복한 때였다. 집에 돌아가는 길에 차를 마시며 즉석 삼인회를 열기도 했다.

얼마 후 도쿄교육대학교 이전을 둘러싸고 큰 소동이 벌어졌는데, 그것이 때마침 대학 분쟁과 맞물려 엄청난 혼란을 야기했다. 나는 이전 문제가 복잡하게 꼬이기 시작할 무렵, 일찌감치 다른 대학교로 옮겼다.

두 친구는 마지막까지 신념에 따라 분투했다. 결국 국문학을 전공한 친구가, 뒤이어 중국문학을 전공한 친구가 다른 곳으로 적을 옮겼다. 그러고 나서 벌써 10년이 흘렀다. 세 사람이 뿔뿔이 흩어진 이후에는 자주 모이기가 쉽지 않았다. 물론 100엔 회비로는 턱없이 부족했다.

그래서 우리는 일류 호텔에 함께 묵으며 밤새 충분히 이야기를 나누었다. 세 사람 중 누군가가 "삼인회를 열지 않을래? 모두에게 들려주고 싶은 이야기가 있어"라고 말을 꺼내면 각자 자기 집은 안 된다며 이리저리 핑계를 댔다. 그래서 모임 장소는 서로 오가기 수월한 도쿄가 대부분이었다.

며칠 전 중국문학을 전공한 친구와 헤어질 때, "이다음에는 더 자주 하자"라고 말하고 마주보고 웃었다. 두 사람으로도 즐겁다. 세 사람이라면 더욱 즐겁다.

나는 이런 경험에서 같은 직종에 종사하는 사람들끼리 모이면 이야기가 비판적으로 되어 재미가 없다는 결론을 냈다. 각기 다른 일을 하는 사람끼리 생각한 것을 숨김없이 털어놓는 게 좋다는 신념에 도달했다. 내 멋대로 이것을 로터리 방식이라 부르고 있다.

로터리클럽은 한 지부 안에 한 직종당 한 사람이 원칙인 모양이다. 동업자는 동일 지부에는 없다. 이것이 친목의 조건이 된다. 그러고 보니 우리 삼인회가 로터리 방식이다.

그런데 같은 학문을 전공하는 학자들이 역시 몇 십 년이나 창조적인 잡담을 하는 예가 있다. 로터리 방식이 절대적인 것은 아니다. 로거기스트는 1950년경에 시작해 수십 년이나 계속된 물리학자 모임이다. 회원들 모두 일본의 일류 물리학자들이다. 이 모임은 달마다 한 번씩 모임을 연다. 화제는 과학은 물론 인간, 자연, 정치, 문화 등 다채롭다. 그 기록을 한 잡지에 연이어 실었다. 그 기록이 쌓여 《물리의 산책길》, 《신 물리의 산책길》이 되었고, 이것이 다시 쌓여 이미 여덟 권에 이르렀다.

전에 이 모임을 내 저서 《지적 창조의 힌트》에서 소개한 적이 있다. 그 글이 《신 물리의 산책길》 제4집 '머리말'에 인용되었다. 지금 그 글을 그대로 옮겨보면 다음과 같다

"그렇기는 하지만 같은 분야의 학자들이 모여 놀라운 성과를 거두는 예가 없는 것은 아니다. 로거기스트라고 하면 과거에는 어느 나라의 사람인가 하고 의아하게 생각하는 이들이 있었는데, 이것이 지금은 알 만한 사람은 다 아는 일본인 물리학자 모임으로 발전했다. 달마다 모이는 것도 월광회와 같고, 회원의 집을 돌아가며 회장으로 하는 점도 월광회와 같다. (중략) 나도 한 번 그 분위기를 접할 기회를 얻었는데, 월광회를 연상하지 않을 수 없었다. 로거기스트의 책을 읽으면서 신선한 자극을 받았다. (중략) 로거기스트는 전공이 같은 학자가 모여 놀라운 성과를 올린 예인데, 회원들은 굉장히 마음이 넓은 사람들임에 분명하다. 단단하고 따뜻한 우정으로 연결되었음이 틀림없다."

본문에는 월광회에 이런 주석이 달렸다.

"월광회는 1770년대에 에든버러에서 한 달에 한 번, 만월의 밤에 모인 모임의 명칭이다. 산소를 발견한 조지프 프리스틀리, 증기기관을 발명한 제임스 와트, 그 엔진을 제작한 매튜 볼턴, 가스등을 발명한 윌리엄 머독, 인쇄업자 존 바스커빌, 천문학자 윌리엄 허셜 등이 단골이었고, 그 중심적 존재는 에라스무스 다윈이었다. 그는 진화론을 제창한 찰스 다윈의 할아버지다."

THINK
OUTSIDE
THE BOX
03

# 경계에 머물 것인가,
# 경계를 넘을 것인가

월광회에서는 각자가 전공을 갖고 있어도 거기에 연연하지 않았다. 목사님이 영문법의 미비함을 논하고 문법책을 써서 출판하는 일도 드물지 않았다.

'inbreeding'은 동계교배, 근친번식을 가리킨다. 닭도 같은 부모에게서 난 것끼리 교배하면 열성이 되어 알을 낳지 못하고 몸도 작아지고 허약해진다.

인간도 마찬가지다. 근친번식은 달갑지 않은 유전상의 문제를 일으킨다. 그래서 어느 나라에서도 아주 가까운 관계에 있는 친족이나 동족의 결혼을 금한다. 인브리딩은 그토록 위험하다.

일본의 모모타로 설화에는 이 인브리딩을 경계하는 교훈이 포함되어 있다. 이 설화는 복숭아에서 태어난 모모타로가 개, 원숭이, 꿩의 도움으로 도깨비를 물리쳐 그들의 보물과 보화로 할머니 할아버지와 행복하게 산다는 내용이다. 이 내용 중 할머니가 강에서 복숭아를 주워 온 것은 밖에서 아내를 맞이한다는 상징일 것이다. 복숭아가 여성을 상징한다는 것은 일반적으로 두루 인정되는 상식이다. 강을 흘러온 복숭아는 아무런 연고도 없는 '흘러들어 온 여자'다. '흘러들어 온 여자'라고 하면 사람들이 선뜻 받아주지 않는다. 그래서 강을 흘러온 복숭아로 했다.

그 복숭아에서 건강한 모모타로가 태어난 것은 우생학상의 지식을 구체적인 예로 든 것에 불과하다. 거꾸로 말하자면 옛날 사람들이 인브리딩에 얼마나 큰 해를 입었는지를 보여주는 증거다. 연민이 느껴지는 것은 모모타로의 아버지다. 어디에도 모습을 드러내지 않는다. 할아버지가 있기는 하지만 산에 벌초를 하러 급히 가야 해서 모모타로의 신부 구하기에 의견을 내지 못한다.

생물학적으로 좋지 않은 인브리딩이 지적인 분야에서도 좋을 리 없다.

기업 등에서도 혈족끼리 자리를 차지하고 있으면 기업의 뿌리가 약해진다. 그래서 옛 상인 집안에서는 대대로 양자를 들여 새로운 피를 들이는 경우가 적지 않았다. 비슷한 것끼리는 영향을 주고받을 수가 없다고 한다. 그래서인지 혈족끼리만 뭉치면 활력을 잃고 끝내 몰락하고 만다.

새로운 사고를 탄생시키는 데 있어서도 인브리딩은 바람직하지 않다. 그런데 근대의 전문화, 지적 활동을 보면 비슷한 분야끼리 한곳에 모아 놓은 것을 쉽게 볼 수 있다.

대학의 조직은 동일 분야의 전문가들을 모아 단위로 하고, 거기에 학생을 소속시키는 학부, 학과로 구성된다. 활발한 지적 창조에 있어서도 불편한 환경이라고 말하지 않을 수 없다. 전통이 오래된 대학, 학과일수록 생생한 활력을 보기 힘든 것은 인브리딩의 해독을 그만큼 강하게 받은 결과이리라.

그와 대조적인 것이 신설 대학이나 연구기관이다. 구성원이 전공이 같다고 해도 그때까지 다른 곳에 있었다는 것만으로 이질적인 요소가 크게 작용한다. 동계교배의 폐해도 그만큼 줄어든다.

스코틀랜드의 월광회가 눈부신 업적을 올린 것도 각자의 전문 분야가 달랐다는 점이 크게 관련되었을 것이다. 인브리딩의 우려가 전혀 없었다. 그래서 모모타로와 같이 건강하고 튼튼한 지적 창조가 가능했다.

미국에서 소개된 브레인스토밍이라는 집단사고 기법이 한때 기업 등에서 주목을 받은 적이 있다.

브레인스토밍을 하는 방법은 다음과 같다. 몇 명인가를 묶어 팀을 조직한다. 문제를 내고 각자가 생각해낼 수 있는 해결법을 최대한 많이 낸다. 가령 A와 B라는 건물을 연락하는 방법을 찾으라는 문제를 제시한다. 그러면 팀원들은 '메신저를 왕복시킨다', '연락 통로로 옥상과 옥상을 잇는다', '케이블로 연결한다' 등등 무엇이든 생각난 것이 있으면 거침없이 의견을 낸다.

기록자가 한쪽에서 그것을 메모한다. 그러다 보면 기상천외한 아이디어가 나온다. 실현 전망이 없어 보이는 것도 나오겠지만, 브레인스토밍의 '규칙'에서는 아무리 허무맹랑한 것이라도 그것을 시시하다든지 비현실적이라며 찬물을 끼얹으면 안 된다. 기껏 고개를 내민 아이디어가 비판 때문에 다시 안으로 들어갈지도 모르기 때문이다.

앞에서 다른 사람에게 털어놓으면 기껏 생각해낸 아이디어가 망가진다고 썼다. 머릿속에서 태어난 생각은 별것 아닌 일에 지레 겁을 먹고 어딘가로 도망쳐버린다. 아주 조심조심 불러내지 않으면 붙잡을 수가 없다.

브레인스토밍은 이렇게 해서 다양한 사고를 끄집어낸다. 그런데 처음에 나오는 아이디어는 대개 상식적이거니와 그렇게 흥미롭지 않다. 이제 대충 나올 것이 다 나온 지점에서 더욱 궁리에 궁리를 해서 나온 것이 정말로 새로운, 지금까지는 꿈에도 생각하지 못한 것 같은 아이디어다.

곰곰이 생각해보자. 조금 생각하다 좋은 생각이 나지 않는다고 포기하면 정말로 좋은 생각이 떠오르지 않는다. 모두가 이젠 틀렸다고 반은 포기한 시점에서 여전히 포기하지 않고 끈기 있게 계속 생각하면 놀라운 착상을 얻을 수 있다. 조급하게 굴어서는 안 된다. 끈기가 필요하다. 월광회도 미국식으로 말하자면 브레인스토밍을 하는 멋진 팀이었다. 로거기스트 그룹도 마찬가지다.

일본 사람들은 친구를 사귈 때, 대개 이성보다 감성을 중요시여긴다. 술을 마시는 자리가 있어도 지적 향연을 오래 유지하지못한다. 그런 면에서도 로거기스트는 돋보인다.

인간과 인간 사이의 브레인스토밍을 왕성하게 해서 같은 전문가끼리의 인브리딩을 피하려는 시도는 학문과 학문 사이의 교류로 확산되었다.

전공이 정해지면 마치 군함에 있는 듯이 외부와의 교섭이 끊기고 그 전공만 파고든다. 사람들의 관심은 중추로 향한다. 마치 열차의 승객이 선두와 꼬리 칸에 타기를 꺼리고 혼잡해도 가운데 칸에만 모이는 것처럼 말이다. 전문 분야에만 속해 있으면 이렇게 인브리딩이 일어나도 알아차리지 못한다. 당연히 창조력이 쇠퇴한다.

그런 경향은 일찍부터 보였다. 예로부터 중앙에서 꼬리 칸으로 옮기려는 호기심 많은 괴짜는 흔하지 않았다. 하물며 다른 열

차로 옮겨 타는 것은 자살행위라고 보았다. 자고로 현명한 사람이라면 열차 한복판에 버티고 있는 것을 제일이라고 사람들은 입을 모아 말했다.

그런데 그런 상식에 도전하고 학문에 새로운 바람을 불러일으키고 있는 것이 다른 학문 분야와 제휴하는 '학제간 연구'다. 중추부를 지향하는 전문가는 어느 학문에서도 주변 영역에는 접근하지 않는다. 어느 학문에서도 경계 영역은 미개발 영역이다.

그곳을 개발하려면 지금까지의 학문과 학문을 가로막았던 벽을 허물지 않으면 안 된다. 그래서 탄생한 것이 학제간 연구다. 언어학과 심리학의 경계 영역으로서 언어심리학, 심리언어학이 탄생하고 언어학과 사회학 사이에 언어사회학, 사회언어학이 탄생한 것이 그 좋은 예다.

다만 여전히 전문적인 인브리딩의 사고에서 빠져나오지 못한 탓일까? 현재 학제간 연구가 성공적이라고는 할 수 없다.

학제간 연구는 결실이 큰 것에만 주목했다. 여기에서도 비슷한 것끼리는 서로 영향을 주기가 어렵다는 것을 다시 한 번 깨닫는다.

# 머릿속을 비울 때
# 생각이 열린다

어느 곳에서 가장 좋은 생각이 떠오를까. 옛날부터 과거라는 국가시험이 열리던 중국에서는 그것을 진지하게 생각했던 듯하다. 과거에는 글을 짓는 능력을 시험했으므로 우리가 지금 생각하는 것보다 훨씬 글이 중시되었다.

요즘, 우리나라에서도 대학 입시에 소논문을 치르는 곳이 늘었다. 역시 엄격한 시험에서 문장력이 실질적인 영향을 미친다고 봐도 좋을지 모른다.

앞에서도 말했지만 중국 송나라 때 문장가인 구양수는 '삼상'이라는 말을 남겨 후세에 이름을 알렸다. 삼상이란 '말 위', '이부자리 위', '화장실 안'을 가리킨다.

이를 보면 좋은 생각이 잘 떠오르는 상황은 상식적으로 봤을 때 약간 의외의 곳에 있다는 점이 참 재미있다.

말 위는 지금이라면 통근 전철 안, 혹은 차 안쯤 될까. 전철 안이라면 몰라도 차를 운전하면서 생각하면 위험할지 모른다. 옛날의 말 위라면 조금쯤 멍하니 있어도 교통사고가 날 걱정이 없어서 괜찮았을 것이다.

앞에서 "끙끙대며 고민할 필요 없어. 내일 아침, 7시에는 해결되어 있을 거야"라는 소설가 월터 스콧의 말을 소개했다. 그가 한 말은 밤새 자는 동안에 생각이 자연히 다다를 곳에 다다른다는 뜻이다. 그 사이에 '이부자리'에 계속 누워 있지만 딱히 생각을 하지 않아도 말이다.

여기서 말하고자 하는 바는 오히려 눈을 뜨고 있되 잠자리 안에 있을 때 좋은 생각이 난다는 것이다. 거기에 잠자리에 누워 잠이 들 때까지보다 아침에 눈을 뜨고 나서 일어날 때까지의 시간이 더 효과적인 듯하다. 이것도 이미 언급했는데, 헬름홀츠와 가우스가 아침에 기상하기 전에 놀라운 발견을 생각해낸 것이 이를 뒷받침한다.

앞에서 망각을 설명할 때, 자는 동안에 잊는 것이 가장 편하다고 했는데, 수면에는 두 종류가 있다. 렘수면과 논렘수면이 그것이다. 렘수면일 때는 몸은 휴식하고 있지만 뇌가 활동한다.

논렘수면일 때는 반대로 뇌가 쉬고 근육 등이 근소하게 활동한다. 즉, 수면 중에도 렘수면일 때는 일종의 사고작용이 이루어진다. 자고 있어도 생각할 수 있다. 게다가 무의식에 하는 생각은 굉장히 훌륭하다. 구양수는 그것을 포착해 '이부자리 위'라고 한 것이다. 그야말로 옛사람의 예리한 관찰이 빛을 발한 발견이라고 하지 않을 수 없다. 동서양을 불문하고, 잠자리에서 떠올린 생각에 주목한 점이 자못 흥미롭다.

아침에 화장실에 들어갈 때, 신문을 갖고 들어가서 꼼꼼히 읽는 사람이 있다. 화장실에 사전을 두는 사람도 있다. 사전을 둔 것은 독서 때문일까? 어쨌건 화장실 안은 집중이 잘 된다. 주변에서 방해하는 것도 없다. 혼자만의 성에 틀어박힌 듯하다.

그 안심한 상태가 뇌를 자유롭게 만들어주는 건지, 역시 생각하지도 못한 아이디어가 떠오를 때가 적지 않다. 단, 인간은 화장실에서 떠올린 아이디어를 말할 때 말 위, 이부자리 위와 비교하여 어디서 떠올렸는지 솔직히 말하는 것을 꺼릴 때가 많은지도 모른다.

삼상에서의 예를 보더라도 생각하려면 그 밖에 다른 일은 일절 하지 말고 멍하니, 혹은 웬만하면 힘이 들어가지 않는 편이 좋음을 미루어 짐작할 수 있다.

다시 말해, 다소의 구속이 필요하다. 다른 것을 하려고 해도 할 수가 없는, 그리고 지금 하려는 것은 특별히 마음을 어지럽

힐 정도의 일도 아닌, 마음은 즐거운 그런 상태가 창조적인 사고에 가장 적합한 상태이리라.

요즘 교통수단 안에서 글을 쓰는 사람을 가끔씩 발견한다. 대부분의 사람은 하는 것도 없이 멍하니 있다. 그런 시간은 아무것도 써넣은 것이 없는, 말하자면 백지 상태와 같은 시간이다. 주간지와 가벼운 읽을거리로 그 시간을 떼우는 사람이 있는데, 생각해보면 참 안타깝다.

전부터 내내 생각하던 것이 차 안에 있으면 불현듯 묘안이 떠오를 때가 있다. 침대에서도, 화장실에서도 마찬가지다.

앞에서 "지켜보는 냄비는 끓지 않는다"라는 말을 소개했다. 삼상의 상태에서는 일상의 냄비 곁에서 잠시 벗어나지 않으면 안 된다. 그것이 생각의 전개를 촉진한다.

심리학자 에티엔 수리오는 "새로운 것을 발명하려면 다른 것을 생각하지 않으면 안 된다"고 말했다. 즉 삼상의 상태란 어떤 것이 너무 좋아서 자꾸 들여다보고 싶지만 그럼에도 불구하고 다른 일을 하는 상태를 가리킨다. 다시 말해 다른 일을 생각하기에 편리한 상황이다.

생리의학자로 근대 실험의학의 시조로 불리는 클로드 베르나르는 "자신의 관념을 너무 신뢰하는 사람은 새로운 것을 발견하지 못한다"고 말했다.

삼상을 제창한 구양수는 '삼다(三多)'라는 말도 남겼다. 이것도 잘 알려진 말이다.

삼다는 글을 잘 쓰는 세 가지 비결로 많은 책을 읽는 것, 글을 많이 쓰는 것, 그리고 많이 궁리하고 퇴고하는 것을 가리킨다.

이것을 달리 보면 이렇다. 책을 많이 읽는 것은 많은 책에서 정보를 모으는 것이다. 하지만 그것만으로는 힘이 되지 않으므로 글을 써본다. 많은 글을 쓴다. 그리고 이번에는 글을 음미하고 비판한다. 이렇게 함으로써 지식, 사고를 순화시키면 글 솜씨가 느는 것은 물론이요, 사고도 정리할 수 있다. 어떤가, 재미있지 않은가.

이 삼상, 삼다와 함께 '삼중(三中)'의 상태도 생각을 정리하고 키우는 데 도움이 된다. 앞에서 '퇴고'라는 말을 소개했는데, 이것의 유래가 흥미롭다. 중국 당나라 때 시인 가도가 다음과 같은 시 한 수를 떠올렸다.

새는 연못가 나무에 머물고
스님은 달빛 아래서 문을 민다.

처음에는 '민다(推)'라고 했다. 그러나 다시 생각해서 '두드린다(敲)'라고 고쳤다. 하지만 다시 어느 쪽이 좋은지 판단이 서지 않아서 말 위에서 '퇴'로 할까 '고'로 할까 곰곰이 생각하다가 대시인 한퇴지의 행렬과 충돌해 크게 혼쭐이 났다. 자초지종을 털어놓자 한퇴지가 이에 감탄해 함께 생각한 뒤 '고'가 좋다고 했다는 고사가 전한다.

그야말로 가도는 말 위에서 몰두했다. 정신이 맑은 상태로 궁리할 필요도 있지만 때로는 이런 무아지경에서 빠질 필요가 있다.

산책 중에 좋은 생각을 떠올린 사례는 예로부터 꽤 많다. 유럽의 사상가들 중에는 산책파가 적지 않다. 산책은 일정한 리듬 안에 육체를 두어 사고에 영향을 미친다는 점에서 권장할 만하다. 이렇게 말하고 보니 말 위에도 리듬이 있지 않은가.

목욕하는 것도 생각을 떠올리기에 그만이다.

고대 그리스의 수학자 아르키메데스는 탕에 들어가 있는 동안 비중의 원리를 발견내고 "유레카!"를 외쳤다고 한다. 비중의 원리는 목욕과 인연이 참 깊다. 일반 사람들도 탕에 들어가 있으면 정신이 고양되는 것 같다. 욕실에 들어가면 노래를 부르고 싶어지는 것이 그 증거다. 게다가 혈액순환을 원활하게 하는 목욕이 생각을 정리하는 데 나쁠 리 없지 않은가.

이상의 세 가지, 무아지경, 산책하는 도중, 목욕하는 동안이 좋은 생각이 떠오르는 좋은 상태라고 생각할 수 있다. 모두 '한창'인 때다. 그러고 보니 삼상 중에도 한창이 아닌 때가 없다.

THINK
OUTSIDE
THE BOX
05

# 사소한 것이라도
# 우습게 보지 마라

책에는 나오지 않는 지혜가 있다. 하지만 인간은 조금만 교육
을 받아도 책에 나오지 않은 지혜가 있다는 사실을 잊고 무엇이
든 책에 씌어 있다고 생각한다. 책에 쓰여 있지 않아도 유용한
지식, 생활 속에서 발견하기 전까지는 누구도 가르쳐주지 않은
지식은 얼마든지 있다.

아주 사소한 예를 들어보자.

오랫동안 애용하다 보니 낡은 여행 가방이 있었다. 나는 조금
도 개의치 않았다. 오히려 애착을 느꼈다. 그런데 주변에서 말

이 많았다. 궁상맞아 보이니 새로 사라고 했다. 하지만 도저히 버릴 수 없었다. 어떻게든 살려내고 싶었다.

고심하던 차에 문득 한 가지 사실이 떠올랐다. 같은 가죽 제품인데, 구두는 때로 닦으면서 가방은 지금까지 한 번도 닦은 적이 없다는 것이었다. 오, 말도 안 돼. 그래서 때를 지우는 가죽용 크림을 발라 문질러 보았다. 그러자 이게 웬걸. 몰라볼 정도로 멀쩡해진 것이 아닌가.

심한 말을 퍼붓던 친구들도 그 정도면 아직 버리기에는 아깝다고 말을 보탰다.

생각해보니 태어나서 몇 십 년 동안 가죽 제품을 꽤 써왔는데, 기름을 발라 닦지 않으면 안 되는 것은 구두뿐이라 여겨왔다. 구두 외에 닦아야 할 가죽 제품이 많다고 쓴 책을 본 기억도 없다. 그런 지식을 가르쳐주기에는 학교가 너무도 바쁘다.

가정은 가정대로 가죽 제품을 쓰는 집을 예로부터 찾아보기 힘들다. 그래서일까. 기름을 바르지 않으면 가죽은 금세 망가진다는 사실을 부모는 아이에게 가르쳐주지 않는다. 그래서 얼마나 많은 제품이 아깝게 버려졌을까.

이런 사소한 것이라도 발견은 발견이다. 수학에서 답을 내는 것보다 어쩌면 한층 시간이 걸릴지도 모른다.

스스로 깨달은 것은 아니지만 가죽을 바나나 껍질로 문지르면 좋다는 지식도 내게는 매우 신선하게 들렸다. 바나나 껍질에는 타닌이 함유되어 있다. 가죽을 무두질할 때 타닌을 쓴다고 하니 바나나 껍질은 무두질을 강화하는 의미가 있는 듯하다. 갈색 가방을 닦는 데 이용하면 특히 좋다.

이것은 어느 부엌칼 산지에서 들었던 이야기다. 잘 벼린 부엌칼일수록 녹이 잘 슨다. 사용한 후에 꼼꼼히 물기를 닦아두었다고 생각해도 2, 3일 지나면 희미하게 녹이 나온다. 이것이 부엌칼의 수명을 단축시킨다. 이 현상을 막을 아주 간단한 방법이 있다.

사용한 후에 뜨거운 물에 담그고 나서 말린 다음 마른 수건으로 닦아두면 된다. 왜 그런 간단한 방법을 아무도 알려주지 않을까. 일설에 따르면 빨리 부엌칼을 못 쓰게 해야 다시 사려는 수요가 늘어 업자가 돈을 벌기 때문이란다. 칼의 수명을 늘리는 방법을 가르쳐주는 것은 자신의 목을 조르는 행위라는 의미다. 이런 지식이야말로 학교에서 가르쳤으면 좋겠다. 배운 쪽에서는 평생 기억해야 할 지식이 아닌가.

젊을 때는 건강의 고마움을 모른다. 그러다 중년이 되면 슬슬 몸이 신경 쓰이기 시작한다. 건강에 좋다는 식품이나 요법에 관심을 갖기 시작한다. 어느 조사에 따르면 요즘 일본인들 열 명 중 아홉 명이 건강관리에 관심이 많다고 한다. 고령화사회가 되면 이런 경향이 점점 더 강해질 것이다.

도처에서 건강 상식이 들려온다. 그것을 무턱대고 무시하지 말고 주의해서 들으면 머지않아 합리적이고 정리된 지식을 가질 수 있다.

일본의 한 장수 연구 단체의 회장은 쌀, 소금, 설탕 같은 것을 각각 한 종류로 해서 하루에 스물다섯 종의 음식을 먹으라고 말한다. 같은 과일이라도 사과를 한 개 먹는 것보다 사과 반 개, 귤 한 개를 먹는 편이 몸에 더 좋다는 것이다.

한 끼당 여덟 종류에서 아홉 종류의 식재를 먹어야 한다는 계산이 나온다. 이것은 노력하지 않으면 매일 실천하기 힘든 식사법이다.

또 이 회장은 나이가 들면 취하지 않을 만큼의 술은 괜찮지만 담배는 금해야 하며, 채소, 해초, 어류, 오곡 등은 전부 괜찮지만, 육류는 먹으면 안 된고 말한다.

미국에서는 섬유질이 많이 함유된 음식, 가령 우엉 같은 것을 주식으로 먹는 것이 장을 튼튼하게 하고 노화를 방지한다고 해서 유행이라고 한다.

또한 염분의 과다 섭취는 당분의 과다 섭취 이상으로 좋지 않다. 그래서 염분을 줄여야 한다고 설파한 사람도 있다.

노화는 몸 끝에서부터 시작된다. 그러니 손과 발, 손가락을 자주 움직이도록 하자. 걸으며 뭔가를 만들거나, 글을 쓰거나 해서 손이 놀지 않도록 해보자. 손가락 가운데, 특히 새끼손가락을 움직이면 내장이 튼튼해진다고 한다.

근대 의학의 입장에서 이런 정보가 얼마나 객관적인 가치가 있는지는 잘 모르겠다. 또한 의학업계에서 알려준 대로 빠짐없이 그대로 따라한다고 해서 병에 걸리지도 않고 죽지 않는 것도 아니다.

하지만 이런 이야기를 흘려듣지 않고 적어두면 초짜 건강학에서 머지않아 줄기와 잎이 자랄 것이다.

먹는 것만으로 건강이 좋아지지는 않는다. 병은 마음에서 온다고 한다. 그만큼 정신적인 요인이 크게 작용한다. 근대인일수록 이 현상이 두드러지게 나타나는 듯하다.

미국의 한 사회학자가 사망 시기를 조사하다가 노인의 사망률이 생일을 맞이하기 전까지 얼마 동안은 몰라보게 떨어졌다가 생일이 지나고 나서 급상승하는 현상을 발견했다. 왜 생일 전후에 노인의 사망률에 변화가 보이는 것일까. 관심을 갖고 조사한 바에 따르면, 생일을 맞이하기 전에는 생일 축하와 선물을 받을 것이라 기대한다. 이런 기대감에 마음에 긴장감이 생겨 병에 걸려도 병세가 얼마 동안은 제자리걸음이다. 도리어 호전되기도 한다. 그러다 생일이 지나고 당장 삶의 보람이라고 할 만한 것이 없어지면, 그 틈을 타서 병의 기세가 되살아나는 예가 많다고 한다. 그것이 방금 전과 같은 수치가 되어 나타나는 것이리라.

이와 비슷한 사례가 있다. 한 의학자가 병세가 악화되어 생명이 위독해졌다. 훈장을 받기로 내정되었으나 정식으로 받을 때까지 살아 있지 못할 듯했다. 이에 그의 문하에 있는 사람들이 훈장 관계자에게 청원해서 병상에서 훈장을 받게 해주었다. 그러자 그의 병세가 갑자기 호전되어 그로부터 몇 년이나 더 살았다고 한다.

다른 이야기도 있다. 어느 도시의 정치가가 위독하자 그 시의 시장이 기운을 북돋을 요량으로 자신의 훈장을 그가 받은 것이라며 보여주었다. 그러자 정치가가 병상에서 벌떡 일어나 정중한 자세로 훈장을 받는 것이 아닌가. 이후로 병세가 몰라보게 호전되었다고 한다. 그것은 다행이지만, 건강해진 노인을 보고 훈장을 돌려달라고 하기가 뭐해서 주변에서 몹시 난처해했다는 소리를 들었다.

이와는 별개로 말을 잘하는 사람은 노화가 느리다고 요양센터의 직원들은 말한다. 말할 때 생각하기 때문일까. 그러고 보니 스웨덴의 한 요양센터에서 했던 시도가 생각난다. 센터에 있는 노인들을 대상으로 취미 그룹을 조직했는데, 그 안에 외국어 배우기 그룹이 있었다. 이 그룹은 처음에는 인기가 없었지만 얼마 후 가장 인기가 있는 모임이 되었다. 팀원이 모두 건강해서 세상을 떠나는 이가 나오지 않았기 때문이다.

이런 단편적인 지식은 대부분이 귀로 들어서 안다. 따라서 관련 있는 지식을 그냥 흘려버리지 말고 모아두면 일상 대화의 화제 정도는 된다. 모르는 사람은 아는 게 많다고 감탄할지도 모른다. 지식이란 어떤 자세를 갖느냐에 따라 특별히 모으려고 하지 않아도 자연스럽게 모이는 법이다.

# 나만의 생각에
# 보편성을 더하라

원래 도시 사람과 시골 사람을 비하면 시골에 사는 사람이 외국어를 동경하는 마음이 더 강하다. 메이지유신 이후의 어학자들을 봐도 대개가 지방 출신이었다. 도쿄 출신의 어학자나 양학자가 없는 것은 아니었지만 '문물이 뒤늦게 들어오는' 지방의 젊은이가 유럽에 대한 동경이 한층 강했던 듯하다.

전후에 생활이 서구화되었다. 특히 요즘에는 자유롭게 해외여행을 다닐 수 있다. 그런데 막상 가보면 꿈에 그리던 파랑새가 날아다니지 않는다. 그에 희미하게 환멸을 느끼면서 돌아온다. 많이 아는 것이 반드시 행복하다고는 할 수 없다.

외국어를 잘 알지 못했던 시대에는 서구에 관심을 느꼈으나 지겨울 정도로 보고 나면 흥미를 잃는다.

비슷한 일은 인간과 인간 사이에도 볼 수 있다. 멀리 떨어져서 지켜보던 때는 대단하다고 생각했던 사람이 친해질수록 매력이 없어진다. 오히려 지겨움마저 느낀다. 연애 등에서 그런 경위를 거쳐 파국을 맞이하는 일이 적지 않다.

이런 구체적 경험을 그대로 놔두면 다른 곳에 응용하지 못한다. 정리하고 공식화해두어야 생활의 지혜가 된다.

멀리 있을 때 멋있게 보이던 사람도 친해지면 멀리 있을 때와는 달리 매력이 옅어지는 일이 흔한데, 일상에서는 이와 비슷한 일이 너무나 흔하다.

외국어에 대한 동경이 사라지기 시작한 것은, 처음에는 잘 모르고 마음이 끌렸다가 점차 속속들이 알게 되면서 기대가 사그라졌기 때문이다. 이를 더욱 순화시켜 말하면 "밤에 보고, 멀리 보고, 삿갓 아래서 본다"라는 속담으로 표현할 수 있다. 여성이 아름답게 보이는 상황을 말한 것인데, 거리가 너무 멀어서 선명하게 보이지 않지만 마음에 끌렸던 대상이 너무 가까워지면 싫어짐을 뜻한다. 싫어진 것이 아름답고 재미있게 느껴질 리가 없다.

샐러리맨 생활이 재미있지 않다. 상사에게 야단을 맞으면 다른 사람이 하는 일이 좋아 보인다. 자신이 하는 일이 제일 시시한 것 같아 과감히 그만둔다. 업종을 바꾼다 한들 같은 사람이 하니 갑자기 만사가 술술 풀릴 리가 없다. 다시 하는 일이 재미가 없어지고 다시 다른 사람이 하는 일이 좋아 보인다. 이런 사람은 언제까지나 한곳에 오래 머무르지 못한다. 정착하지 못한다.

학생 중에도 일찌감치 이런 경향을 드러내는 이가 있다. 영문과에 입학해서 시간이 지나면 수업에 차츰 지겨워진다. 그가 보기에 심리학과는 영문과에 비하면 실험을 하는 등 아무리 봐도 학문답다. 그래서 심리학과로 전향하기로 결심하고 과를 옮긴다. 그런데 2년쯤 지나면 심리에도 싫증이 난다. 더 자극 있는 공부가 하고 싶다며 물리학과에 다시 들어간다. 이런 사람은 결국 아무것도 하지 못한다.

세상에는 이런 예가 얼마든지 있다. 그런데도 여전히 같은 실수를 반복하는 사람이 끊임없이 나온다. 저마다 다른 사람의 경험이 정보로 들어오지 않기 때문이다. 들어오지 않는 것은 아니다. 속담으로 정리되었으나 그런 사실을 알지 못하는 것뿐이다.

끊임없이 직업을 바꾸는 것은 현명하지 않다. 이는 옛날부터 알려진 분명한 사실이다. "돌 위에도 3년"이라는 속담이 그것을 말해준다. 같은 의미인 "굴러가는 돌에는 이끼가 끼지 않는다"라는 속담도 있다. 어쨌건 지긋하게 한곳에 머무는 인내가 필요하다는 말이다.

왜 영문과 학생에게 심리학이 재미있게 보이는 것일까. 시험을 보기 하루 전날 밤, 공부를 하려고 하면 평소에는 눈길도 주지 않던 난해한 철학서가 괜히 보고 싶다. 잠시만 볼 작정이었으나 좀체 멈추지 못하고 자기도 모르게 열중해서 읽다가 공부계획을 망친다. 이는 이미 앞에서 썼다.

이런 경험은 "이웃집 꽃일수록 아름답다"는 말 아래에 분류, 정리해두면 생각하는 수고를 꽤 절약할 수 있다. 이웃집 꽃은 멀리서 보았기 때문에 더욱 붉게 보인다. 그런데 막상 가까이 가서 자세히 살피면, 심지어 벌레가 심하게 먹은 경우가 있다. 눈앞에 있는 꽃은 실제보다 빛이 바래 보이는 법이다.

장사하는 사람, 투기를 하는 사람은 물건을 팔고 사는 타이밍을 가리느라 몸이 바짝바짝 마른다. 이제 됐다 싶어서 거래하면 너무 빠르다. 거기에 화들짝 놀라 만반의 준비를 하고 기다리면 이번에는 호기를 놓치고 만다. 더 빨리 결단을 내릴걸 하고 후회한다. 장사하는 사람은 끊임없이 이런 실패를 경험한다. 그 하나하나의 거래가 복잡하거니와 저마다 사정도 다르다. 이처럼 타이밍을 잡기가 어렵다는 점과 자신의 판단이 절대적이 아니라는 것을 한마디로 정리하면 '이때다 싶으면 아직이고, 아직이다 싶으면 이때'라는 속담이 탄생한다.

그런데 학교교육에서는 어찌 된 영문인지 속담을 무시한다. 이런 말을 쓰면 지식인이 아닌 것처럼 보인다고 판단해서일까?

하지만 실생활에 적을 두고 하루하루 열심히 사는 사람들은 뭔가를 생각할 때도 속담에 관심이 많다. 현실을 이해하고 판단하는 기준으로 유익하기 때문이다.

생각하는 것도 일상적인 흐름의 법칙을 적용하면 간단히 해결되는 문제가 적지 않다. 현실에 일어난 일은 구체적인 문제다. 하나하나가 특수한 형태를 띠고 있으므로 분류하기가 곤란하다. 이것을 패턴으로 일반화, 기호화한 것이 격언이자 속담이다. 가령 A라는 샐러리맨이 있다. 그는 한곳에 정착하지 못하고 줄기차게 직장을 바꾼다. 하지만 이 한 사람만 봐서는 샐러리맨 전체, 나아가서는 모든 인간에게 그런 습성이 있으며, 그런 악습이 옛날부터 있어왔다고는 생각하지 못할 것이다.

이것에 '구르는 돌은 이끼가 끼지 않는다'는 패턴을 적용하면 샐러리맨 A도 인간의 습성에 따라 행동하는 것이라는 점을 알 수 있다. 특별히 드문 일이 아닌, 일상적인 일임을 깨닫는다.

구체적인 예를 추상화하고, 나아가 이것을 정형화한 것이 격언과 속담의 세계다. 특히 속담은 서민의 지혜다. 예로부터 어느 나라에나 엄청난 수의 속담이 있다는 사실은 문자를 사용하지 않는 시대부터 인간이 생각을 정리해왔음을 말해준다.

개인의 생각을 정리할 때도 인류가 오랜 세월에 거쳐 만들어낸 속담과 격언이 참고가 된다. 개개인의 경험과 생각한 것을 그대로 기록해 보존하려 하면 번잡해서 견딜 수가 없다. 한쪽 끝에서부터 지워지기 시작해서 결국 나중에 아무것도 남지 않는다.

일반화시켜 되도록 보편성이 높은 형태로 정리해두면 나중에 비슷한 현상이 일어났을 때 그 형태에 맞추어 현상을 이해하면서 그 형식을 강화시켜준다. 즉 자기만의 '격언'이나 '속담'이 만들어지고 이로써 자신의 경험과 식견, 사고가 정리된다. 그렇게 해서 태어난 '격언'과 '속담'이 상호 관련성을 가질 때, 그 사람의 머릿속은 체계가 갖춰진다.

그러려면 관심과 흥미가 있는 핵심이 무엇인지 분명히 해야 한다. 그 핵심에 응집된 구체적인 현상과 경험을 일반적인 명제로 승화하고, 자기만의 격언과 속담의 세계를 만들어야 한다. 그러면 책을 읽지 않는 사람이라도 충분히 생각의 체계를 만들어낼 수 있다.

# 무엇을 위해
어떻게 살 것인가

# 현실을 무시한 채
# 생각하는 오류들

현실은 둘로 나뉜다. 이렇게 말하면 다들 비웃겠지만, 지혜라는 나무에서 열린 '금단의 열매'를 따먹은 인간에게 현실은 결코 하나가 아니다.

우리가 직접 접한 외부 세계, 물리적인 세계가 현실이고 지적인 활동에 따라 머릿속에 또 하나의 현실 세계가 만들어진다. 처음의 물리적인 현실을 '1차적 현실'이라고 부른다면 후자의 머릿속의 현실은 '2차적 현실'이라고 해도 좋으리라.

2차적 현실은 1차적 현실에 대한 정보, 나아가 2차적 현실의 정보에 따라 완성된 관념상의 세계다. 하지만 이런 관념상의 세계는 지적인 활동을 통해 언젠가부터 생생한 현실감을 띤다. 때로는 1차적 현실 이상으로 현실감이 있을 때도 있다. 지식이나 학문에 깊이 관련된 사람이 자주 1차적 현실을 부정하고 2차적 현실 안에서만 살려는 것이 이를 뒷받침한다.

과거에는 주로 독서로 2차적 현실을 지어냈다. 독서를 많이 하는 사람이 일반적으로 관념적인 까닭은 외부 세계에 직접 접하는 대신에 지식을 통해 간접적으로 접하기 때문이다.

사색 또한 외부 세계를 차단하고 이를 심화시킨다는 점에서는 2차적 세계를 만들어낸다고 볼 수 있다.

하지만 과거에는 대부분의 인간이 1차적 현실에서만 살았다. 하지만 그들은 그래서는 진정한 현실을 사는 것이 아니라는 것도 일찍부터 깨달았다. 그래서 지향한 것이 철학이었다. 인간이 삶을 영위하는 목적은 전부 2차적 현실을 형성하는 데 있다고 봐도 좋을 정도다. 1차적 현실을 분명히 인식하려면 그보다 초월적인 2차적 현실에서의 삶이 필요하다.

이전까지의 2차적 현실은 거의 문자와 독서로 조합된 세계였다. 그런데 최근 30년 사이에 새로운 2차적 현실이 대거 등장했다. 사람들은 여전히 인식하지 못하지만 텔레비전이 그 주인공이다. 텔레비전은 그야말로 우리 세계에 마구 밀고 들어왔다. 그 안에서는 실제보다 한층 실제처럼 보이는 세계가 펼쳐진다.

차를 마시는 동안에 그 자리에 앉은 채로 세계의 끝까지 갈 수 있다. 여행한 것 같은 기분을 맛볼 수 있다. 그리고 그 사이에 그 것이 2차적 현실이라는 사실을 잊는다.

책을 읽고 머릿속에 그리는 세계가 관념의 산물이라는 것은 1차적 현실로 오해할 여지가 적다. 그런데 텔레비전 화면에서 보이는 세계는 너무도 생생하다. 1차적 현실인 양 착각하기 십상이다. 현대인은 인류의 역사가 시작된 이래 처음으로 2차적 현실 중심으로 살고 있다. 이 현상을 하나의 혁명이라고 봐도 좋을 것이다.

활자에 의한 2차적 현실 외에, 강력한 영상에 의한 2차적 현실의 출현은 현대의 지적인 생활을 복잡하게 만들었다.

생각의 영역에서도 이 두 현실의 차이를 무시할 수는 없을 것이다. 종래에는 생각한다고 하면 2차적 현실에 머무는 경우가 대부분이었다. 지금까지는 문헌을 통해 읽은 선대의 업적과 대화를 나눔으로써 새로운 생각이 탄생했다. 그 대신 1차적 현실과는 거의 관련을 맺지 않았다. 오히려 저차원의 현실과 연을 끊음으로써 한층 높은 차원으로 비약할 수 있다고 여겼다. 앞에서 살펴본, 격언이나 속담을 얕보는 것도 그런 연유에서가 아닐까.

하지만 생각은 1차적 현실, 즉 소박한 의미에서는 땀을 흘리는 동안에 태어나도 전혀 이상하지 않다. 근대인들이 이런 사고에 관심을 보이지 않는 것은 지(知)에 계급제도가 확립되었다고 보았기 때문이다. 일하는 동안에도 사고와 생각, 사색, 지식이 창조되지 않으면 안 된다.

지금까지는 사상을 논할 때, '보는 것'과 '읽는 것'만이 존중되고 '일하는 것'과 '느끼는 것'에는 가치를 두지 않았다. 하지만 지식과 사고는 보는 것과 읽는 것의 독점물이 아니다. 땀을 흘리고 일하는 것 또한 독자적인 사고를 낳는다는 사실을 간과해서는 안 된다. 아무리 관념적인 사고나 생각이라도 인간이 생각하는 것 이상으로 1차적 현실과 관련을 맺고 있다. 아무리 간접적이라고 해도 생활이 그림자를 드리운다.

현대와 같이 2차적 현실이 1차적 현실을 압도하는 듯한 시대에는 더욱 1차적 현실이 절실하고, 이에 주목해야 한다. 사람들의 사고에서 땀 냄새가 나지 않기 때문이다. 활력도 느껴지지 않는다. 또한 의식하지 않는 사이에 추상적이 되어 말이 가리키는 실체가 애매해지는 경향이 뚜렷해진다. 추상성은 2차적 현실에서 탄생한 사고의 성격이다. 그런 까닭에 현대의 사상이 언뜻 보기에 생생하고 영상에 의해 구체적인 듯이 보이지만 현실성은 현저히 희박하다.

더 1차적인 현실에 근거하는 사고, 지적인 활동에 주목해야 한다. 단적으로 말하자면 직장인의 사고는 1차적 현실에 뿌리를 내리고 있는 경우가 많다. 그에 비해 학생의 사고는 책에 뿌리를 두고 있다. 2차적 현실을 토양으로 피우는 꽃이다. 생활에 바탕을 두고 생각하는 듯해도 아직 스스로 생활을 꾸려보지 않았기 때문에 어쩔 수 없다.

그래서 지적이던 학생이 사회에 나가 책에서 멀어지면 그 순간부터 속물이 된다. 2차적 현실 안에서만 지적인 활동의 뿌리를 내렸기 때문이다. 게다가 1차적 현실에 뿌리내린 지적인 활동은 '비행기형 인간'을 필요로 한다. '글라이더형'으로는 불가능하다. 학생의 사고와 사회인의 사고 사이에는 글라이더형와 비행기형의 차이가 있다.

사회인도 행동의 세계에서 책 속으로 숨어버린다. 독서를 하지 않으면 사고하기 힘든 것은 사실이지만, 일하느라 바쁜 사람이 책에 빠질 수 있는 학생을 흉내내어봤자 진정한 사색을 하기는 어렵다. 이때도 행동과 지적인 세계를 잘 융합시키지 못하면 성숙하게 사고하기는 힘들다.

생각의 틀을 벗어나고 생각을 정리한다는 관점에서 봐도 2차적 현실, 즉 책에서 출발한 지식이 다루기 쉽다. 편리하게 정리할 수 있다. 반면에 1차적 현실에서 태어난 지혜는 기존 체제 안에 쉽게 들어가지 못한다. 대개는 새로운 시스템을 생각하지 않으면 안 된다. 사회인의 사고가 산발적인 아이디어로 그치는 것은 그런 연유에서일 것이다.

걸으면서 생각한다는 것은 1차적 현실 안에서 하는 사고다.

생활을 중단하고 책의 세계에 몰입하는 것과는 질적으로 다르다. 우리의 지적인 활동이 자칫 모방적이며, 진실로 창조적이지 않은 까닭은 이처럼 현실 생활과의 단절에 그 원인이 있어서가 아닐까.

비행기형 인간은 평소와 같이 일과 행동을 하면서 생각한 것을 정리하고 새로운 세계를 만든다. 일본의 지적인 훈련이 이미 설명한 것처럼 많은 사람들이 끌어주어야 비로소 움직이기 시작하는 글라이더형 인간을 배출하면서 2차적 현실 안에서의 지적인 활동만을 인정하는 경향이 나타났다.

우리는 점점 더 땀 냄새가 물씬 나는 1차적 현실에 기반을 두고 생각하지 않으면 안 된다. 그것을 단순한 착상처럼 반짝하다가 사라지게 하지 않으려면 시스템화를 고려해야 한다. 그 다음은 2차적 현실에 기반을 둔 사고와 별반 다르지 않으므로 기존에 하던 대로 하면 된다. 단, 진정한 창조적인 사고가 1차적 현실에 뿌리를 내린 데서 나온다는 점을 현대인은 결코 잊지 말아야 한다.

1차적 현실을 기반으로 한 사고의 결정이자 가장 통속적인 것이 방금 전에도 말한 격언이자 속담이다. 격언과 속담은 책 안에서 태어나지 않았다는 점에서 지나간 시대의 유물이지만 동시에 현대적이기도 하다.

나아가 우리의 일상사에 존재하는 언어 하나하나는 그 근원을 거슬러 올라가보면 1차적 현실을 기반으로 만들어낸 사고의 산물, 다시 말해 2차적 현실이라는 사실에 생각이 미친다. 그런데 그런 말들 자체가 언제부터인가 1차적 현실처럼 인식되는 것도 문제다.

# 아는 것, 모르는 것,
# 새로운 것

지적인 활동에는 세 가지 종류가 있다고 생각할 수 있다.

하나는, '이미 아는 것'을 재인식하는 것이다. 이제부터 이를 A라고 하자. 두 번째는, '모르는 것'을 이해하는 것이다. 이것을 B라고 하자. 세 번째는, 전혀 새로운 세계에 도전하는 것이다. 이것을 C라고 부르자.

이미 경험하고 아는 것이 쓰인 문장을 읽고 알 때가 A, 즉 이미 아는 것에 해당한다. 잘 아는 지역을 쓴 글을 읽거나 실제를 보고 아는 스포츠 시합에 관한 기사를 읽을 때, 그 이해는 재인식에 해당된다.

그 다음부터는 같거나 아주 비슷한 지식이 등장한다. 양자를 연결 지으면 '알았다'는 자각이 든다. 이것은 가장 기본적인 인식이기는 하지만 이래서는 이미 아는 것이거나 알고 있는 것밖에 보지 못한다.

아무래도 B, 즉 모르는 것을 읽는 능력이 요구된다. 이것은 앞의 재인식과 달리 바탕이 되는 지식이 없다. 새로운 세계에 직면한다. 다소나마 이해할 수 없는 부분이 있을 것이다. 그 벽을 뛰어넘으려면 상상력이 필요하다. 아무리 A를 읽는 데 능숙하다고 해도 그것만으로는 B를 읽어낼 수 없다. A와 B는 질적으로 다르다.

독서가 인간을 미지의 세계로 이끄는 문이 될 수 있는 것은 B 읽기가 가능할 때뿐이다. 그런 의미에서 B 읽기는 매우 중요한데, 일반적으로 A와 B를 구별하는 것이 확실하지 않다. 따라서 어떻게 하면 A에서 B로 이행할 수 있을지를 생각하는 사람은 드물다. A에서 그친 채 그것을 독서의 전부인 양 착각하는 사람도 적지 않다.

A라는 읽기는 아는 것을 전제로 한 활동이지만, B는 처음부터 안다고는 할 수 없다. 먼저 '해석'이 필요하다. 말을 단서로 미지의 세계로 헤치고 들어간다. 그래서 조금이라도 알게 되면 모르는 것을 아는 것으로 만드는 것이 가능해진다.

나아가 그런 해석을 거부하는 듯한, 이해하기 어려운 표현도 있다. 이것이 전혀 새로운 세계에 도전하는 C라는 독서다. 어떻게 하면 알 수 있을까? 혼신을 다해 읽는다. 한두 번 읽어서는 알 수가 없다. 몇 번이라도 부딪쳐본다. 이윽고 어렴풋하게나마 보인다. 흔히 "백 번 읽고 나면 저절로 보인다"고 하는데, C라는 독서법이 여기에 해당된다. 아마 그 사람의 생각에 강하게 빛을 쪼이는 것이 C 독서법이 아닐까.

과거에는 한문을 소독했다. 소독이란 내용을 이해하기보다 글자를 좇아 거칠게 읽는 것을 말한다. 단, 어떻게 읽는지는 가르쳐주었으나 의미는 가르쳐주지 않았다. 어린아이에게는 너무나 낯선 세계다. 그 뜻을 알고자 한다면 B보다는 C의 독서법을 쓰는 것이 더 빠르리라. 스님은 한 가지 문제에도 오랜 세월 그것을 둘러싸고 생각에 생각을 거듭해, 마침내 깨달음에 도달한다. 한문의 소독이 노리는 것도 이와 비슷하다.

지금은 독자에게 친절한 표현이 강하게 요구되는 경향이 있어서 C 독서법에 걸맞은 책은 거의 사라졌다. 읽는 사람이 자신의 상상력, 직관력, 지식 등을 그 한계까지 총동원해 끝내는 '자신의 해석'에 이르는 사고적인 독서는 극히 줄었다.

독서의 필요성을 호소하는 목소리가 자주 들리는데, 그럴 때는 대개 양적인 독서를 가리킨다. 질적으로 보면 그저 알기만 하는 A 독서, 모르는 것을 해석하는 B 독서, 나아가 완전히 모르는 것에 도전하는 C 독서는 분명히 다르다.

앞으로 C를 B의 안으로 포함해서 모르는 것을 읽는 것과 아는 것을 읽는 것 두 가지를 구별해서 생각하려 한다.

학교에서는 A 읽기부터 시킨다. 학습자가 잘 아는 내용의 글을 읽게 한다. 아는 것에 대한 독서다. 이 방법은 현재 누구도 의심하지 않는다. 하지만 옛날에 한 발 앞서, 모르는 것을 읽게 한 것을 생각하면 A부터 시작하는 것이 유일한 방법이라고는 말할 수 없다.

문자를 읽으려는 것이 A 읽기다. 이것이 핵심이라서 일단 아는 것을 읽을 수 있게 하는 것에도 긴 훈련을 요한다. 그래서 자기도 모르게 B의 읽기가 있다는 것을 잊어버린다. 우리가 여태까지 받은 교육을 돌이켜봐도 어디까지가 A이며, 어디서부터가 B인지가 분명하지 않다.

B 읽기를 하려고 했는데, 언제 어떻게 A에서 B로 이행되었는지 명확하지 않다. 그것도 그럴 것이 가르치는 사람 자신도 확실히 모르거니와 거기에 다른 생각이 없다.

A 읽기를 했던 사람이 갑자기 B 읽기를 하지는 못한다. A에서 B로 이행하려면 그 사이에 다리가 놓여 있지 않으면 안 된다. 거기에 도움이 되는 것이 문학작품이다. 국어교육에서 문학작품의 독해가 불가결한 이유가 거기에 있다.

시, 소설 등은 언뜻 보기에 독자가 다가가기 쉬운 친근한 모습을 하고 있다. 아무리 봐도 A 읽기로 알 수 있을 것 같은 생각이 든다. 그렇게 난해하다는 느낌도 주지 않는다.

그래도 창작이 A 읽기만으로 모든 것이 알 수 있느냐 하면 그렇지 않다. 글쓴이의 생각을 독자가 이해하지 못한다는 것을 독자도 어렴풋이 깨닫는다. 이때 독자는 자기가 알고 있는 것의 도움을 받고 자신만의 상상력을 동원해 그 연장선상에 새로운 세계를 희미하게나마 파악한다. 이런 까닭에 같은 표현을 A로 읽을 수 있는 동시에 B로도 읽을 수 있는 것이다. 창작이 함축이라는 독특한 의미를 느끼게 하는 것은 이런 이중읽기와 무관하지 않을 것이다.

하지만 실제로는 이렇게 간단히 A에서 B로 이행되지는 않는다. 아주 많은 독서 지도가 B 읽기를 하지 못하는 얄팍한 문학 독자를 키우는 데 그치고 있다.

이것은 단지 언어교육만의 문제로 그치지 않는다. 우리의 사고, 지적인 활동에 큰 영향을 끼치기 때문이다. 스토리가 있어야 재미있는 글로 꼽는 경향은 추상적인 이해력의 취약함을 가져온다. 가십에 가까운 흥미만이 범람한다.

문학작품이 A 읽기부터 B 읽기로 이행하는 데 빼놓을 수 없는 것임을 앞에서도 설명했다. 하지만 창작을 이해하는 것이 읽기의 종점이 되어서는 곤란하다. B 읽기를 할 수 있는 것이야말로 최종 목표가 되어야 한다.

거기에는 문학작품을 정서적으로 이해했다고 만족하는 것이 아니라 '해석'에 의해 아는 것의 연장선에 있는 모르는 것을 어디까지 이해할 수 있을까. 더 나아가 상상력과 직관의 비상으로만 파악할 수 있는 발견은 과연 의미가 있는 것일까. 이런 것을 제대로 생각하지 않으면 안 된다.

그것은 국어교육, 독서지도에만 맡겨서는 안 될 것이다. 모르는 것을 아는 방법이 모든 지적인 활동의 전제라고 한다면, 사고와 지식에 관심을 가진 사람들도 이를 남의 문제로 여겨서는 안 된다.

모국어에서는 아는 것과 모르는 것의 경계가 분명하지 않은 경우가 적지 않다. A 읽기가 B 읽기와 질적으로 다른데도 불구하고 그 경계가 명료하지 않은 것은 그런 연유도 있다.

외국어를 이해하려면 모국어에 비해 B의 읽기 부분을 대폭 늘려야 한다. 모르는 것, 낯선 것을 이해할 때 외국어로 된 고전의 독서가 효과적이라는 것은 우연이 아닐 것이다. 소독은 언뜻 무식한 행동으로 보이지만 단숨에 C 읽기의 핵심에 돌입하는 시도로, 실제로 모르는 것을 읽어내는 훌륭한 독자를 육성했다고 생각한다.

서구에는 한자에 해당하는 것으로 그리스 로마의 고전이 있다. 이것이 중세 이래, 오래 학교교육 안에서 중추적인 위치에 있던 것도 한자와 통하는 데가 있다. 그리고 이는 결코 우연의 일치는 아닐 것이다.

　그것이 언어교육에 그치지 않고 인간교육, 지적인 훈련과 같은 값어치가 있다는 것을 새삼 생각해야 할 것이다.

THINK
OUTSIDE
THE BOX
03

# 틀을 받아들이되,
# 나만의 틀을 만들어야

우리에게는 두 가지 상반된 능력이 있다. 하나는 주어진 정보 등을 더 나은 방향으로 고치고 바꾸며, 거기에서 탈출하는 능력이고, 또 하나는 뿔뿔이 흩어진 것을 연결하고 모아서 정리하는 능력이다.

가령 열 명이 3분 간 이야기를 한다고 해보자. 나중에 그것을 요약해서 내라고 한다. 결과는 십인십색 다 달라서 완전히 똑같이 정리해서 내는 사람은 없을 것이다. 이런 경우 '정답'은 없다. 정답이란 모든 사람이 거의 같은 대답을 제시하지 않으면 안 된다. 수학에는 정답이 있지만 위와 같은 요약에는 정답이 존재하지 않는다. 재미있는 것, 잘 정리된 것은 있다. 하지만 유일한 답, 정답이란 있을 수 없다.

정답이 존재하지 않는 것은 비단 이런 요약에만 그치지 않는다. 논술 등의 답안은 엄밀한 의미에서 정답이 없다. 저마다 다른 답이 나온다. 수학은 완전히 동일한 복수의 답을 허용하지만 주관식 문제라면 같은 답이 나와서는 안 된다. 거꾸로 말하자면 오답도 극히 개인적인 것이라서 답을 완전히 똑같이 틀리게 쓴다는 것은 전혀 생각할 수가 없다.

요약할 때는 그 '오답'의 뿌리가 되는, 주어진 정보를 정리하는 사고가 작용한다. 따라서 한 자 한 구 같은 것이 두 개 있는 것은 이론상으로는 상상할 수 없다.

그렇게 이론상으로는 있을 수 없는 일들이 현실에는 일어나니 참으로 재미있다.

요즘 입학시험을 볼 때 논술시험을 치르는 곳이 늘었다. 주제를 주고 글을 쓰게 한다. 이것은 뿔뿔이 흩어진 것을 자신만의 힘으로 연결하고 모아 정리하는 것이다. 글에 정답이 있을 리가 없다. 각자 자신의 생각을 드러내도록 요구받음으로써 가장 자유롭고 활발하게 생각의 힘을 발휘할 수 있다. 개성을 보는 아주 좋은 테스트 방법이라 생각되어, 요 몇 년 사이에 주목받은 것은 수긍이 간다.

그런데 시험의 채점 당사자가 말한 바에 따르면 놀랍게도 거의가 비슷한 글을 쓴다고 한다. 처음 들었을 때는 도저히 믿기지가 않았다. 설마 그럴 리가 없다고 여겼다.

그런데 여기저기서 그런 소리가 들린다. 고등학교에서는 대학시험에 대비해 논술도 모의시험을 치른다. 거기에서도 같은 현상이 빚어진다고 한다. 아무래도 이것은 과장이 아니라 현실인 듯하다. 아마도 지도가 지나치게 효과를 발휘해 알려준 대로 쓰면 그것이 정답이 된다고 착각하고 있는지도 모른다. 논술에도 수학과 같은 답이 요구된다고 생각한다면 엄청난 착각이다.

논술은 작문이다. 한 자 한 구가 다르지 않다니 말도 안 된다. 하지만 말하려는 바가 완전히 같다면 정보로만 글을 썼다는 말이 된다. 그런 글에서 개성을 읽어내기란 불가능할 것이다.

통신수단이 발달하지 않은 시대에는 이동하는 부대끼리의 소식을 입으로 전했다. 부대 사이에 같은 간격으로 중계점을 두고 병사를 배치한다. 메시지는 중계점을 거쳐 차례차례 보내진다.

그런데 이 메시지가 정확하게 종착점으로 도달되지 않는다. 반드시 다소간은 변형을 일으킨다. 잘못 전달된다. 중요한 순간에 그러면 곤란하다. 그래서 평소에 정확하게 전달하는 훈련을 하는데, 그래도 좀체 정확하게 전달되지 않는다.

이 경우 병사들은 저마다 속으로 '정확하게, 정확하게'를 되뇌며 마음을 단단히 먹는다. 그런데 같은 메시지라도 사람에 따라

변한다. 그것이 나아가 다음 중계점에서 바뀌고 점점 내용에서 크게 벗어나는 것이다.

이런 현상이 자유분방해지면 '꼬리지느러미'처럼 늘어나서 원래 모습을 알아보지 못한다. 유언비어라든지 풍문, 소문 같은 것은 이런 작용의 정도가 커졌을 때에 나타난다. 유언비어를 긍정적인 관점에서 보면 자유로운 해석을 바탕으로 하는 전달의 꽃이 되기도 한다. 우리는 누구나 유언비어의 담당자가 될 자격이 있다.

주어진 정보 등을 더 나은 방향으로 고치고 바꾸며, 거기에서 탈출하려는 것은 산발적이다. 선처럼 정리되지 않고 점처럼 여기저기로 흩어진다. 점과 점은 언뜻 보기에 상호 관계가 없는 것처럼 보인다. 이 책에서 이미 쓰인 비유를 들자면 비행기형 사고다.

이와 대조적인 것이 '정리'다. 먼저 정리에는 초점이 필요하다. 목표를 향해 모든 것을 통합시킨다. 그 방향이 분명하지 않으면 정리할 수 없다.

지금까지의 학교교육은 주로 배운 지식을 정리하고 쌓아두는 훈련을 해왔다. 이런 지식을 묻는 시험에는 늘 정답이 예상된다. 정답이 있다고 착각하는 것은 지식을 모으고 정리하고 쌓아두는 능력만 기르기 때문이다.

그런 머리로 만점 답안이 없는 문제를 접하면 힘을 쓰지 못한다. 단, 자신의 생각은 내세우지 못해도, 배운 지식을 필요에 맞게 정리하는 데 능한 학습자가 우등생으로 존중받는다. 글라이더형 인간이다. 정리하는 능력만 너무 강하다. 단, 이로써 선이나 시스템으로 통일된다는 이점이 있다. 흩어지는 점밖에 얻지못하는 것과 좋은 대조를 이룬다.

이 두 가지 작용을 구별하는 것은 중요하다. 지금까지는 주로정리하는 능력만 생각해왔으므로 생각을 정리하는 것도 비교적으로 간단하다고 여겼다. 하지만 이것은 절반에 불과하다. 그것도 수동적인 절반이다. 나머지 창조적인 절반은 오해를 두려워하지 않고 접선 방향으로 나아가려는 에너지에 의해 태어난다.지금까지 이것이 충분히 인식되지 못한 것이 우리 사회의 불행이었다. 진정한 독창, 창조가 '괴짜'가 아니면 하기 어렵다는 것은 참으로 슬픈 일이다.

책을 읽을 때도, 지금까지는 '정답'을 하나 정해서 거기에 도달하는 것을 목표로 했다. 그럴 경우에는 글쓴이의 의도를 절대시함으로써 용이하게 정답을 만들어낼 수 있다. 그것이 지금까지의 독서다.

그에 비해 자신의 새로운 해석을 만들어가면 '정답'이 없는독서를 하게 된다. 당연히 글쓴이의 의도와 충돌하지만 그런 것에 겁먹지 않는다. 오독, 오답이라는 비난도 받는다. 하지만 그것은 표현에 영원불멸한 생명을 불어넣는 절대조건이라는 점을 잊어서는 안 된다. 고전은 그런 과정을 통해 이루어지기 때문이다. 글쓴이의 의도가 그대로 충분히 인정받아 고전이 된 작품, 문장은 하나도 없다고 앞에서 이미 설명했다.

정보를 자기만의 세계로 만들고 기존 세계에서 벗어나는 것은 통합되지 않는 점과 같다고 말했다. 그것을 그대로 놔두면 엄청난 혼란에 빠지지 않을까 우려하는 이들도 있다. 하지만 아무런 기준도 없이 멋대로 생각하는 것은 아니다. 언뜻 보기에 혼란스러운 것 같아도 흩어진 점을 충분히 취하면 저절로 체계가 잡힌다.

가령 새로운 용어가 등장한다. 사람들은 각자 자기 좋을 대로 쓴다. 하나로 정리하고 싶어도 사전의 정의도 없다. 그런데 세월이 지나면 그 말의 의미는 저절로 정해진다. 저마다의 창의적인 사고가 저절로 하나로 모아져 정리되는 멋진 실례.

만약 각자 편할 대로 쓰이되 그것이 하나로 묶이지 못하는 말이 있다면 그것은 저절로 소멸된다.

THINK
OUTSIDE
THE BOX
04

# 컴퓨터에 나를
# 맡기지 마라

지금까지 지적인 활동의 중심은 기억과 재생에 있었다. 그러다 보니 글라이더형 인간이 많아지는 것도 당연했다. 학교는 이미 설명한 것처럼, 글라이더 훈련소라는 것을 조금도 부끄러워하지 않는다. 오히려 그것을 자랑해왔다. 사회도 그것을 이상하게 여기지 않았다.

기억은 인간만이 가진 유일한 능력이다. 중요한 것을 기억해놓고, 필요할 때 생각해내고 꺼내는 것은 오로지 인간만이 할 수 있는 일이다. 오래 전부터 그렇게 믿어왔다. 그리고 그런 능력을 조금이라도 많이 갖춘 인간을 '우수'하다고 여겼다. 교육기관이 그런 인간의 육성에 힘을 쏟는 것은 어찌 보면 당연한 책무다.

지금까지는 이에 비해 깊이 생각할 필요가 없었다. 의문을 던지는 사람이 없었기 때문이다. 그런데 요 수십 년 사이에 기억과 재생이라는 인간적인 가치가 크게 흔들리기 시작했다.

컴퓨터라는 기계가 등장한 것이다. 컴퓨터가 그 이름이 보여주듯이 계산하는 것뿐이라면 그렇게 놀랄 것도 없다. 컴퓨터는 계산기의 껍질에서 탈피해 인간 두뇌의 활동에 가까워지기 시작했다.

그 사이에 확립된 것이 기억과 재생의 기능이다. 지금까지 인간만이 할 수 있었다고 여겨지던 일을 컴퓨터가 그것도 너무도 간단히 처리하고 있다. 인간이라면 몇 십 명, 몇 백 명이 달려들어 해야 할 일을 한 대로 뚝딱 해내는 것을 눈으로 직접 목격한 인간은 처음에 혀를 내두르며 감탄하고, 어쩔 줄 몰랐다.

이윽고 감탄만 하고 있을 수 없다. 인간이란 무엇인가라는 반성의 목소리가 나오기 시작했다. 우리는 지금까지 죽기 살기로 공부해서 고작 컴퓨터처럼 되는 것을 목표로 한 것일까. 그렇다 한들 기억, 재생 모두 인간은 컴퓨터에 당해낼 수 없다.

진짜 컴퓨터가 보기에 인간 컴퓨터는 결함은 있지만 전원이 필요 없이 어디든 자기 발로 이동할 수 있다는 점에서 스스로를 위로할 수도 있을 것이다.

엄청나게 우수한 기억 재생 장치가 만들어지자, 불완전한 장치를 머릿속에 집어넣으려고 한 지금까지의 인간교육이 별안간 모자란 것으로 보이기 시작했다. 학교는 컴퓨터 인간을 육성해왔다. 그나마도 기계에 지는 컴퓨터 인간이다. 기계가 인간을 배제하는 것은 역사의 필연이다. 현대는 새로운 기계의 도전을 받는 문제에 직면하고 있으면서도 그렇게 위기감을 느끼지 못하고 있다. 어제의 일이 오늘도 계속되고, 오늘의 일은 내일도 그대로 이어질 것이라는 낙천적인 보수주의에 기대어 외면하고 있기 때문일 것이다.

인간은 기계를 발명하고 기계에 인간이 하던 노동을 몽땅 떠맡겼다. 기계를 하인으로, 인간이 의도한 대로 부렸다. 그렇게 생각하는 것도 가능하지만 거꾸로 보면 인간은 자신이 만들어낸 기계에 일을 빼앗기는 역사를 되풀이해왔다고 볼 수도 있다. 편리해졌다고 마냥 기뻐할 수만은 없다. 그로 말미암아 공장의 주인공은 인간에서 기계로 바뀌었다. 인간은 기계를 조작하는 존재에 불과하다. 실제로 물건을 만드는 것은 기계다.

기계에 일을 빼앗긴 인간은 기계가 손을 뻗히지 못하는 사무실 안에서 주요한 업무를 할 장소를 찾는 새로운 인간을 탄생시켰다. 사무를 볼 수 있는 것은 인간뿐이다. 그 사무가 복잡해짐에 따라 굉장히 많은 사무원이 필요해졌다.

산업혁명은 기계가 공장에서 대량의 인간을 쫓아낸 변화였다. 인간다운 일을 찾아서 사람들은 사무실에 틀어박혔다. 성역이다. 이 상태가 서구에서는 200년 가까이 계속되었다.

컴퓨터의 등장으로 이 성역은 덧없이 무너지려 한다. 기계가 엄청난 사무능력을 갖고 있다. 인간은 불평하지만 컴퓨터는 불평하지 않는다. 노동기준법에 연연하지도 않고 자지도 않고 쉬지도 않는다. 태평한 꿈을 꾸던 인간은 생각하지도 못한 강적의 출현에 경악하지 않으면 안 될 것이다.

기계와 인간의 경쟁은 새로운 기계의 출현에 따라 '기계적'인 성격을 공공연하게 드러낸 인간의 패배로 끝났다. 컴퓨터는 우리의 두뇌가 컴퓨터와 닮았다는 것을 뼈저리게 깨닫게 해주었다. 게다가 인간이 컴퓨터보다 훨씬 능력이 떨어진다는 것도.

이래서는 사회적으로 자연도태의 법칙을 받아들이지 않으면 안 된다. '기계적'인 인간은 조만간 컴퓨터에 자리를 내주지 않으면 안 될 것이다. 산업혁명을 봐도 이 예상은 아마도 바뀌지 않을 것이다.

지금까지의 학교교육은 기억과 재생을 중심으로 한 지적인 훈련에 초점을 맞추었다. 컴퓨터가 없던 시대에는 컴퓨터 같은 인간이 사회에서 유용했다. 기억과 재생이 거의 교육의 전부인 양 떠들어도 이상하다고 말하는 사람이 거의 없었다. 컴퓨터의 보급이 시작된 현재 이런 교육관은 근본부터 재검토되지 않으면 안 된다. 비단 학교만의 문제는 아니다. 한 명 한 명의 생각의 힘을 어떻게 봐야 할까를 비롯해 조명해야 할 과제는 얼마든지 있다.

이 책이 아는 것보다도 생각하는 것에 중점을 둔 이유도 아는 활동에는 '기계적'인 측면이 커서, 그만큼 '인간적'인 성격에 문제를 내포하고 있다고 생각하기 때문이다.

일찌감치 컴퓨터의 보급을 지켜본 미국에서 창조성의 계발이 시급하다고 한 것은 우연이 아니다. 인간이 진실로 인간답게 살려면 기계가 하지 못하는 일을 해야 한다. 그때, 창조성이 가장 큰 무기가 된다.

하지만 지금까지 글라이더 훈련을 전문으로 해왔던 학교에서 갑자기 비행기를 만들 수 있을 리 만무하다. 솔직히 말해 창조성을 가르칠 수 있는지조차 의문이다.

다만, 앞으로 인간은 기계와 컴퓨터가 하지 못하는 일을 얼마나 잘할 수 있느냐에 따라 사회적인 유용성에서 차이가 날 것이다. 기계가 하지 못하는 일은 무엇인가. 그것을 가리는 것은 다소의 시간을 요한다. 창조성과 같은 추상적인 개념을 내세워봤자 소용없다.

진정한 인간을 키우는 교육 자체가 창조적이다. 이는 교실에서 가르치는 것에만 국한된 것은 아니다. 갓난아기에게 분별력을 길러주는 것도 창조적이다. 강한 스포츠 선수를 키우는 코치

도 창조적이다. 예술과 학문이 창조적임은 물론이다. 영업이나
장사도 컴퓨터가 손을 뻗지 못하는 영역이다. 그런 요소가 많으
면 많을수록 창조적이라고 할 수 있다.

  인간답게 사는 것은 인간만이 할 수 있다는 점에서 월등하고
창조적, 독창적이다. 컴퓨터가 등장하고, 앞으로 인간은 어떻게
변화해갈 것인가. 그것을 통찰하는 것은 인간이 아니면 할 수가
없다. 이것이 진정한 창조적인 생각이자, 생각의 틀에서 벗어나
생각하는 힘이다.